中/华/少/年/信/仰/教/育/读

中华传统美德故事

中华少年信仰教育读本编写委员会/编著

信仰创造英雄　信仰照亮人生

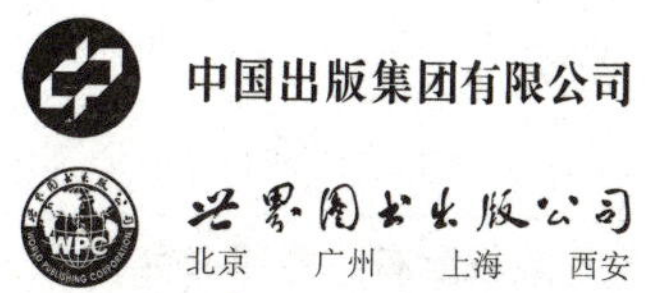

图书在版编目（CIP）数据

中华传统美德故事 / 中华少年信仰教育读本编写委员会编著 . — 北京 : 世界图书出版公司 , 2016.5（2024.5 重印）
ISBN 978-7-5192-0883-7

Ⅰ. ①中… Ⅱ. ①中… Ⅲ. ①品德教育—中国—青少年读物 Ⅳ. ① D432.62

中国版本图书馆 CIP 数据核字（2016）第 049094 号

书　　名　中华传统美德故事
ZHONGHUA CHUANTONG MEIDE GUSHI

编　　著　中华少年信仰教育读本编写委员会
总 策 划　吴　迪
责任编辑　王　鑫
特约编辑　张劲松

出版发行　世界图书出版有限公司北京分公司
地　　址　北京市东城区朝内大街 137 号
邮　　编　100010
电　　话　010-64033507（总编室）　（售后）0431-80787855　13894825720
网　　址　http：//www.wpcbj.com.cn
邮　　箱　wpcbjst@vip.163.com
销　　售　新华书店及各大平台
印　　刷　北京一鑫印务有限责任公司
开　　本　165 mm×230 mm　1/16
印　　张　12
字　　数　156 千字
版　　次　2016 年 8 月第 1 版
印　　次　2024 年 5 月第 5 次印刷
国际书号　ISBN 978-7-5192-0883-7
定　　价　48.00 元

序　言

信仰是什么？

列夫·托尔斯泰说："信仰是人生的动力。"

诗人惠特曼说："没有信仰，则没有名副其实的品行和生命；没有信仰，则没有名副其实的国土。"

信仰主要是指人们对某种理论、学说、主义或宗教的极度尊崇和信服，并把它作为自己的精神寄托和行动的榜样或指南。信仰在心理上表现为对某种事物或目标的向往、仰慕和追求，在行为上表现为在这种精神力量的支配下去解释、改造自然界和人类社会。

信仰，是一个人在任何时候都不能丢的最宝贵的精神力量。人有信仰，才会有希望、有力量，才会树立正确的价值观，沿着正确的道路前行，而不至于在多元的价值观和纷繁复杂的世界中迷失方向。

信仰一旦形成，会对人类和社会产生长期的影响。青少年是社会的希望和未来的建设者，让他们从普适意识形成之初就接受良好的信仰教育，可以令信仰更具持久性和深刻性，可以使他们在未来立足于社会而不败，亦可以使我们的伟大祖国永远立于世界民族之林。

事实上，信仰教育绝不是抽象的、概念化的教育，现实生活中，我们有无数可以借鉴的素材，它们是具体的、形象的、有形的、活生生的，甚至是有血有肉的。我们中华民族有着几千年的辉煌历史，多少仁人志士只为追求真理、捍卫真理，赴汤蹈火，前仆后继；多少文人骚客只为争取心中的一方净土，只为渴求心灵的自由逍遥，甘于寂寞，成就美名；多少爱国志士只为一个“义”字，不惜抛头颅、洒热血。他们如滚滚长江中的朵朵浪花，翻滚激荡，生生不息，荡人心魄。如果我们能继承和发扬这些精神和信仰，用“道”约束自己的行为，用“德”指导人生的方向，那么我们的文明必将更加灿烂，我们的国运必将更加昌盛。

正基于此，“中华少年信仰教育读本系列丛书”应运而生。除上述内容外，本丛书还收录了中国人民百年来反对外来侵略和压迫，反抗腐朽统治，争取民族独立和解放，前赴后继，浴血奋斗的精神和业绩，尤其是中国共产党领导全国人民为建立新中国而英勇奋斗的崇高精神和光辉业绩；不仅有中国历史上涌现出的著名爱国者、民族英雄、革命先烈和杰出人物，还有新中国成立以后涌现出的许许多多的英雄模范人物。

阅读这套丛书，能帮助青少年树立自己人生的良好的偶像观，能帮助青少年从小立下伟大的志向，能帮助青少年培养最基本的向善心，能帮助青少年自觉调节自己的行为，能帮助青少年锁定努力的方向，能帮助青少年增加行动的信心和勇气。

习近平总书记说:“人民有信仰，民族才有希望，国家才有力量。”因此我们有理由相信：少年有信仰，国家必有希望。

中华少年信仰教育读本编写委员会

目录

第一章　修　身 / 001

第三章　治　国 / 082

第四章　平天下 / 131

第一章 修身

孔子好学，韦编三绝

> 叶公问孔子于子路，子路不对。子曰：“女奚不曰：‘其为人也，发愤忘食，乐以忘忧，不知老之将至’云尔。”
>
> ——《论语》

孔子，名丘，字仲尼，鲁国陬邑（今山东曲阜）人，春秋末期的思想家和教育家，儒家思想的创始人。他一生从事传道、授业、解惑，相传有弟子三千，其中著名的有七十余人，曾带领弟子周游列国。孔子的思想与学说对后世产生了极其深远的影响。

孔子年幼的时候，读书就很用功。他十分崇

拜西周初期那位制礼作乐的周公，对古礼特别熟悉。当时读书人应当学的“六艺”（礼节、音乐、射箭、驾车、书写、算法），他都比较精通。孔子办事认真，曾当过管理仓库的小吏，在任期间物资从来没有缺少；后来又当过管理牧业的小吏。30岁时，孔子已经有了些名气。

孔子注重“学”与“思”的结合，提出了“学而不思则罔，思而不学则殆”和“温故而知新”等主张。他首创私人讲学的风气。自汉代以后孔子的学说成了两千余年封建文化的正统，影响极大。孔子晚年把全部的精力放到了整理古代文化典籍和教育上，他整理过几种重要的古代文化典籍，像《诗经》《尚书》等。他据鲁国史官所编鲁史整理修订的《春秋》一书，成为儒家经典之一。

孔子好学，而且是终生好学。孔子曾说：“就算只有十户人家的地方，一定有像我这样做事尽责又讲求信用的人，却很难找到像我这样爱好学习的人。”“韦编三绝”讲述的就是孔子勤奋好学的故事。

春秋时期的书，主要是以竹简为主，每根多则几十个字，少则八九个字。一部书要用许多竹简，通过牢固的绳子之类的东西按次序编联起来才最后成书，便于阅读。通常，用丝线编联的叫“丝编”，用麻绳编联的叫“绳编”，用熟牛皮绳编联的叫“韦编”。

像《易》这样厚重的书，当然是由许许多多竹简通过熟牛皮绳编联起来的。

孔子“晚而喜《易》”，花费了很多精力，反反复复把《易》读了许多遍，又附注了许多内容。孔子这样翻开来又卷回去地不知阅读了多少遍，把编联竹简的牛皮绳也给磨断了多次，不得不换上新的再继续使用。

读书到了这样的地步，孔子还谦虚地说：“假如让我多活几年，我就可以完全掌握《易》的文与质了。”

季札挂剑讲诚信

“长剑许烈士，寸心报知己。死者岂必知，我心元不死。平生让国心，耿耿方在此。”

——《挂剑曲》

季札，亦称“公子札”，春秋时期吴国贵族，是吴王寿梦的第四子，吴王诸樊的弟弟。因其贤义，吴王和其兄长及吴国国民都想要立他为王。季札不仅品德高尚，而且是具有远见卓识的政治家和外交家。

季札被封于延陵（今常州），故又称“延陵季子”。季札受封后，于公元前 544 年出使北方诸国。当季札途经睢地（当时睢宁地属徐国）时，因平素听闻徐君仁义，所以前去拜访。

徐君一见到季札，就为他的气质涵养所叹服，内心感到非常亲切。徐君观察着季札端庄得体的仪容与着装，突然，被他腰间一把祥光闪动的佩剑深深地吸引住了。古时候，剑是一种装饰，也代表着一种礼仪。无论是士臣还是将相，身上通常都会佩戴着一把宝剑。

季札的这把剑铸造得很有气魄，几颗宝石镶嵌其中，高贵而又不失庄重。只有像“延陵季子”这般气质的人，才配得上这把剑。

徐君非常喜欢季札所佩的宝剑，却又不便明言。季札虽心知其意，无奈刚刚出使，宝剑是身份的象征之一，不能相赠。《史记·吴太伯世家》中有载：“季札之初使，北过徐君。徐君好季札剑，口弗敢言。季札心知之，为使上国，未献。”随后季札出使鲁、齐、郑、卫、晋等国。在拜访完诸国又经过徐国时，季札打算把宝剑赠送给徐君，但是徐君已经死了。

季札来到徐君墓前祭拜，解下随身佩戴的宝剑挂到了徐君墓旁的树上后离开。与季札同行的人问他，徐君已经死了，你为什么还将宝剑送给他？季札回答说：“我在心中早就把宝剑送给他了，怎么能因为他死了，就违背我的初衷呢？”

后人为纪念此事，在季札挂剑处修建了“季子挂剑台”。

自古以来，圣贤一再地教诲我们，高迈的志节往往表现于内心之中。就像季札，虽然他只是在心中做了允诺，却没有因为徐君的过世而违背做人应有的诚信。这种“信”到极处的行为，令后人无比崇敬与感动。

一个人成败的根源，源于内心的诚与敬。孔子说：“人而无信，不知其可也。”没有信用，就好像车子无法走动一样。《中庸》说：“不诚无物。”如果缺乏真诚的心，与应有的信义，做任何事都很难成功。

管鲍之交

雅望归安石，深知在叔牙。

——《奉和杜相公长兴新宅即事呈元相公》

鲍叔牙，姒姓，鲍氏，名叔牙，别称“鲍叔”“鲍子”，颍上（今属安徽）人，春秋时期齐国大夫，管仲的好朋友。

年轻的时候，管仲家里很穷，又要奉养母亲。鲍叔牙知道了，就找管仲一起投资做生意。做生意的时候，因为管仲没有钱，所以本钱几乎都是鲍叔牙拿出来的。可是，当赚了钱以后，管仲却拿得比鲍叔牙还多。鲍叔牙的仆人看了很不满，说：“这个管仲真奇怪，本钱拿得比我们主人少，分钱的时候却拿得比我们主人还多！”鲍叔牙却对仆人说：“不可以这么说！管仲家里穷又要奉养母亲，多拿一点没有关系的。”

后来，齐国的国王死了，公子诸儿当上了国王，他每天吃喝玩乐不做事。鲍叔牙预感齐国一定会发生内乱，就带着公子小白逃到莒国，管仲则带着公子纠逃到鲁国。

不久之后，齐王被人杀死，齐国真的发生了内乱。管仲想杀掉小白，让公子纠能顺利当上国王，可惜管仲在暗算小白的时候，把箭射偏了，小白没死。后来，鲍叔牙和小白先一步回到齐国，小白当上了齐国的国王，就是齐桓公。

齐桓公即位以后，决定封鲍叔牙为宰相，鲍叔牙却说：“管仲各方面都比我强，应该请他来当宰相才对呀！”齐桓公一听：“管仲要杀我，他是我的仇人，你居然叫我请他来当宰相！”鲍叔牙却说：“这不能怪他，他是为了帮他的主人公子纠才这么做的呀！”齐桓公听了鲍叔牙的话，最终决定请管仲回来当宰相，而管仲也真的帮齐桓公把齐国治理得非常好。

管仲说：“当初我贫穷时，曾和鲍叔牙一起做生意，分钱财，自己多拿，鲍叔牙不认为我贪财，因为他知道我贫穷；我曾经替鲍叔牙办事，结果却让他处境更难了，他不认为我愚蠢，因为他知道我时运有利有不利；我曾经多次做官，多次被国君罢官，鲍叔牙不认为我没有才能，他知道我没有遇到时机；公子纠失败了，我被囚受辱，鲍叔牙不认为我不懂得羞耻，他知道我不以小节为羞，而是以功名没有显露于天下为耻。生我的是父母，最了解我的是鲍叔牙啊！”

管仲和鲍叔牙之间深厚的友情，已成为中国代代流传的佳话。在中国，人们常常用“管鲍之交”来形容自己与好朋友之间亲密无间、彼此信任的关系。

伯牙与子期的友谊

摔碎瑶琴凤尾寒，子期不在对谁弹！春风满面皆朋友，欲觅知音难上难。

——伯牙《无题》

伯牙，春秋时期楚国郢都（今湖北荆州）人。晋国的上大夫，著名的琴师，擅弹古琴，技艺高超。既是弹琴能手，又是作曲家，被人尊为“琴仙”。

一次，伯牙奉晋国国君之命出使楚国。完成公务之后，楚王送给伯牙一条船，让他尽情欣赏一下故国的山山水水。

伯牙从楚国国都出发，没有几天就到了汉阳江口。那天正是中秋夜晚，突然狂风大作，暴雨倾盆，船无法行走，便停泊在山崖下面。不一会儿雨停了，伯牙坐在船中，取出瑶琴，轻轻地弹奏起来。可是，一曲未完，琴弦“嘣”的一声断了一根。伯牙心里咯噔一下，难道有人在偷听我的琴声吗？

这时，只听得岸边有人答道：“请船上的大人不要惊慌，我是一个樵夫，刚才在岩下避雨，忽听得有美妙的琴声传来，便停下来听了一会儿。”

伯牙心中不相信樵夫也懂音乐，便问道：“你既然说听琴，那么，你知道我刚才弹的是什么曲子吗？”

“《孔子叹颜回》，是不是？”

伯牙十分惊讶，马上请樵夫上船。紧接着伯牙又问了许多乐理方面的问题，樵夫不慌不忙，一一对答如流。

伯牙惊喜万分，忙推开瑶琴，起身迎向樵夫，激动地说：“你真是我的知音啊！”赶忙问樵夫的姓名住址。

樵夫也很激动，回答说：“我叫钟子期，家住在集贤村。”

伯牙感怀天下知音难觅，遂同子期结成了兄弟。伯牙年稍长为兄，子期为弟。

之后他们约定明年还在此地相见。

春去秋来，伯牙没有一天不在思念子期，眼看中秋节又将临近，与子期约定的日子也快到了。伯牙向晋君请了假，从水路向故乡出发了。

船行到汉阳江口一座山（今马鞍山）下，这里正是伯牙与子期相遇的地方。伯牙走出船舱，站立在船头上向岸边张望，可是没有子期的身影。伯牙一夜未睡，第二天天刚亮，就背着瑶琴带着童子上了岸，迎面来了一位白发苍苍的老人。伯牙见了，忙上前施礼，问道："请问老丈，往集贤村怎么走呀？"

老人上下打量了一下伯牙，问道："你要访哪一家？"

伯牙说："我要到钟家去。"

老人一听钟家，眼中顿时流出了眼泪，哽咽地问："你要到钟家拜访谁呀？"

伯牙忙说："要访子期。"

老人听了，放声大哭，说："子期是我的儿子呀！他去年遇到了晋国上大夫伯牙先生，两人意气相投，结为知音。子期回来后更加发愤读书。可怜他白天打柴，夜晚苦读，终于心力交瘁，不幸染上重病，已经去世几个月了。"

伯牙闻言，心痛得仿佛被撕裂了，顿时泪如泉涌，大叫一声，昏倒在地。

伯牙醒来后仍是痛哭不已。他对老人说："老伯，子期葬在什么地方，我一定要去祭拜他呀！"

老人流着泪说："我儿临终前嘱咐我们：'我与晋国上大夫伯牙先生有约，将在今年八月十五六到江边相会，现在我不行了，活着不能再见到他，死后请把我葬在山（今马鞍山）下的江边，以实现我的诺言。'"

于是，伯牙来到子期坟前，拜祭了子期。伯牙为痛失知音难过得五脏俱焚。他取出瑶琴，放在祭台上，伤心地为子期弹奏了最后一支曲子。弹罢，伯牙就将瑶琴摔碎在地上，伤心地告别了老人，乘船而

去。从此以后，伯牙再也不弹琴了。

苏秦苦学

宁为鸡口，无为牛后。

——《战国策·韩策一》

苏秦，字季子，战国时东周雒阳（今河南洛阳）人。他是与张仪齐名的纵横家。

战国时期，士风盛行。大凡学子都会游学天下以长自己的见识，并在列国为官，以出将入相为最高荣誉。苏秦就是那个时代最著名的说客、谋士，但是在他功成名就之前却有一段奋发苦读的经历。

苏秦游说六国的第一个目标是秦国，但是他当时提出的称霸策略不合秦国国情，虽然劝说秦王的奏折多次被呈上去，但他的主张仍未能实行。慢慢地，苏秦耗尽钱财，只得离开秦国，返回家乡。他缠着绑腿布，穿着草鞋，背着书箱，挑着行李，又瘦又黑，一脸羞愧之色。

苏秦风尘仆仆地回到家，本以为家人能够给予他些许慰藉，但是，一向温顺的妻子坐在织布机上照旧织布，竟不下来招呼，分明没把他当一家人；嫂子也一反先前对他这个小叔子的殷勤善待，不给他下厨做饭。父母连声叹息："唉，咱们周人的风俗一向是过本分的日子，种庄稼，靠手艺吃饭。你倒好，当起说客耍嘴皮子，哪能有你的好？"

苏秦很难过，他把自己关在屋里，闭门思过。他意识到自己的主张的不足，关键还是学问修养不够。于是，他把自己积存的几十箱书翻出来，下决心再研究一遍，一定要弄懂。

苏秦又回到书房，再读《阴符经》，这次苏秦读书十分卖力。读到鸡叫三声，实在困乏，往书桌上一扑，放在桌上的一把锥子刺痛了他的手臂，人一下子清醒过来了。苏秦想，这倒是个祛除瞌睡的好办法！从此，他每次读书时，桌上总放着一把尖利的锥子。每当倦意袭来，眼睛睁不开时，他就拿起尖利的锥子刺自己的大腿。

家里人见他的腿上鲜血淋淋，血沿着小腿流了一地，便劝他：“别再这样折磨自己了，你这样对自己太残忍了！”但苏秦不为所动，还是继续拼命读书。

苏秦终于学有所成，成为战国时的“六国之相”。

张良纳履

夫运筹策帷帐之中，决胜于千里之外，吾不如子房。

——刘邦

张良，字子房，颍川城父人，汉高祖刘邦的重要谋臣，与韩信、萧何并称“汉初三杰”。他以出色的智谋，协助汉高祖刘邦在“楚汉战争”中最终夺得天下，被封为留侯。他精通“黄老之道”，深知“日中则移，月满则亏”的道理，不留恋权位，避免了韩信、彭越等“兔死狗烹，鸟尽弓藏”的下场。

张良从小就是尊敬老者、信守约定的好孩子。有一天，他悠闲地在桥上散步，有位老人穿着粗布短衣，走到张良跟前，故意把穿在脚上的草鞋丢到桥下，并且看着张良说：“小子，去把鞋给我捡回来！”

张良愣了一下，但是看他年老，就到桥下取回鞋子，递给他。老人坐在桥头，眼皮也不抬一下，就说：“给我穿上。”于是，张良跪在地上，老人心安理得地伸出脚让张良为他把鞋穿上，然后老人就笑着离开了。

张良疑惑地望着老人的背影。谁知，那个老人走了几步又转过身来，对着张良招招手，示意张良到他跟前儿去。张良乖乖地走上前去，老人和蔼地对他说：“我看你这娃不错，值得教导。5天后天一亮，和我在这里见面。”张良行了个礼说：“是。”

5天后，天刚刚亮，张良来到桥上，那个老人已经坐在桥上等着他了。老人很生气地说：“现在天已经亮了，年轻人这么不守信用，和长辈约会还迟到，长大后能有什么作为？5天以后，鸡叫时来见我。”说完就走了。

过了5天，鸡刚叫，张良就到了约定的地点，老人又已经先到了那里。老人十分生气地说：“我已经听见三声鸡叫了，你怎么才来？5天以后再早一点儿来见我。”

又过了5天，张良半夜就到桥上等着那个老人。一会儿，老人来了，他高兴地说：“年轻人要成大事，就要遵守诺言，说什么时候到就什么时候到。”接着，老人从怀里掏出一本又薄又破的书，说：“读了这本书，就可以成为皇帝的老师。我现在说的话会在10年后应验。13年后，你会在济北见到我，谷城山下那块黄石就是我。”说完之后，老人就离开了，以后再也没有出现过。这位老人就是传说中的神秘人物：隐身岩穴的高士黄石公，亦称“圯上老人”。

天亮时，张良翻看老人送的那本书，原来是《太公兵法》，又称《黄石兵书》。张良非常珍惜这本书，他认真研读，从中学到了运筹帷幄、决胜千里的本领。他时刻遵从老者的教诲，严格要求自己，立志永远做一个信守诺言的人。这样，才能让别人信任自己，从而成就一番大事业。

后来，张良果真协助汉高祖刘邦完成了统一大业，成为历史上有名的谋臣。据传说，13 年后，张良跟随高祖路过济北，果真在谷城山下看见一块黄石。张良取回它，并把它当作珍宝一般供奉。张良死后，就和这块黄石合葬在一起。

季布一诺千金

人之所助者，信也。

——《周易》

季布，楚地人。初为楚霸王项羽帐下“五大将”之一，数次围困刘邦，后为刘邦所用，拜为郎中，历仕惠帝中郎将、文帝河东郡守。季布为人仗义，好打抱不平，以信守诺言而闻名。

秦朝末年，政治十分黑暗，老百姓的生活困苦不堪，还要负担沉重的官差、徭役。季布心中仰慕古代的游侠，立志当一个“除恶济贫”的人。他从小练就了一身好武艺，决心做一个说话讲信用，行动讲效率，答应别人的事一定要做到，帮助别人不惜牺牲自己的人。长大后，他成为身材魁梧，武艺高强，重诺守信的青年，很受大家器重。

为了躲避差役，季布干脆离家出走，沿着长江四处流浪。他沿途帮助穷苦人主持正义，凡是承诺过的事情，他一定做到，在长江中游一带名声很大。老百姓都说：“得黄金百斤，不如得季布一诺。”后来这个谚语就演变为成语“一诺千金”。

季布遇上楚霸王的农民起义军后，兴冲冲地参了军。楚霸王项羽听说季布到了军中，亲自召见了他，任命他做了将官。季布作战很勇敢，经常带领士兵冲在最前面，缴获敌人的旗帜最多，起义军里都把他称作“壮士”。不久，他就成了起义军中的高级将领。

楚汉相争时，爆发了“成皋之战”。为了威胁刘邦，楚霸王项羽命令季布押解来汉王刘邦的父亲刘太公。项羽对刘邦喊道：“你若不投降，我就把你爹用油锅烹了！”刘邦一看，自己年迈的老父亲被绑在高车上，后面季布雄赳赳地骑在战马上，楚霸王的兵多得数也数不清，只好说道：“我与项王约定为兄弟，因此，我的父亲也就是项王的父亲。项王果真要烹我父亲，最好分给我一碗肉吧！”多亏项羽的叔叔项伯在旁边劝说，项羽才没有把刘邦的老父亲下油锅。

公元前202年，汉王刘邦称帝，成为汉朝的开国皇帝，即汉高祖。

刘邦把父亲刘太公尊为太上皇。他想起季布押解太公的情景，一股怒火从心中升起，不禁恨得咬牙切齿。他让大臣去查明季布的情况，但谁也不知道季布的下落。于是，他下令贴出告示缉拿季布。

当时敬慕季布的人，都在暗中帮助季布。季布经过化装，到山东一姓朱的人家当佣工。朱家明知他是季布，仍收留了他，后来，朱家又到洛阳去找刘邦的老朋友汝阴侯夏侯婴说情。

汝阴侯对刘邦说：“以前季布为项羽打仗，这是他作为部下应尽的责任。现在陛下为了从前的仇恨捉拿季布，器量未免显得太小了。况且陛下如此仇视季布，假如季布心生畏惧而投奔他国，这不是给陛下增添麻烦吗？倒不如现在就把他召进宫来，委以官职。”刘邦觉得有理，马上派人撤去告示，并将季布召进宫来，任命他为“郎中”。

季布感念刘邦的恩德，为汉朝做了许多大事。到了汉文帝时，季布已经是朝廷里举足轻重的大臣了，仍喜欢广交朋友，豪爽正直的性格依然未变。

一次，一个叫曹丘生的人很想见季布。季布因此人平时喜好巴结权贵，不想见他。后来，曹丘生通过别的途径见到了季布。他对季布说：“我听楚国人说过：‘得黄金百斤，不如得季布一个诺言。’您有这样的好名声，还不是靠您的家乡人——楚人替您传扬。我也是楚人，您为什么要鄙视我呢？”

季布听了这一番话，心里的气消了一大半。他把曹丘生留在家里住了几天，诚恳地指出曹丘生的错误，而曹丘生也虚心地接受了季布的劝告。后来，曹丘生又到处为季布传扬，季布的名声越来越大了。

凿壁借光

凿壁偷光，聚萤作囊；忍贫读书，车胤匡衡。

——许名奎

匡衡，字稚圭，东海郡承（今属山东枣庄）人，西汉经学家，元帝时位至丞相。

匡衡是一个十分勤奋好学的人，关于他刻苦读书的经历还有一段脍炙人口的故事呢！

小时候的匡衡很想读书，可是因为家里穷，没钱上学。后来，他跟一个亲戚学认字，才有了看书的能力。

匡衡买不起书，只好借书来读。那个时候，书是非常贵重的，有书的人轻易不肯借给别人。匡衡就在农忙的时节给有钱的人家打短工，他不要工钱，只求人家借书给他看。他白天必须干许多活儿，只有晚上，他才能坐下来安心读书。但是，他又买不起蜡烛，天一黑，就无法看书了。匡衡非常心疼这白白浪费掉的时间，因此感到很痛苦。

他的邻居家一到晚上好几间屋子都点起蜡烛，把屋子照得通亮。有一天，他鼓起勇气，对邻居说："我晚上想读书，可买不起蜡烛，能否借用你们家的地方来看书呢？"邻居一向瞧不起比他们家穷的人，就恶毒地挖苦说："既然穷得买不起蜡烛，还读什么书呢！"

匡衡听后非常气愤，下定决心一定要把书读好。

有一天晚上，匡衡躺在床上背白天读过的书。背着背着，突然看到东边的墙壁上透过来一线亮光。他猛地站起来，走到墙壁边一看，啊！原来从墙壁缝里透过来的是邻居家的烛光。于是，匡衡想出了一个办法：他拿了一把小刀，把墙缝挖得大了一些。这样，透过来的光亮就大了，他凑到透进来的光亮前，如饥似渴地读起书来。渐渐地，家中的书全都读完了。

读完这些书，匡衡深感自己所掌握的知识还远远不够，他想继续多读一些书的愿望更加迫切了。

附近有个大户人家，有很多藏书。一天，匡衡卷着铺盖来到大户人家门前，对主人说："请您收留我吧，我给您家里白干活儿不要报酬，只要让我阅读您家里的全部书籍就可以了。"主人被他渴求知识的精神所感动，答应了他的请求。

匡衡就是这样勤奋学习的。后来，匡衡做了汉元帝的丞相，成为西汉时期有名的学者。

司马迁忍辱著《史记》

良药苦口利于病，忠言逆耳利于行。

——《孔子家语·六本》

司马迁，字子长，夏阳（今陕西韩城南）人。司马迁 10 岁开始诵读典籍，20 岁以后，周游大江南北，到处考察风俗，采集传说。归来后，初任郎中，曾出使西南各地。

司马迁的父亲司马谈出任太史令，有二十几年之久。因职务上的方便，司马谈得以广泛接触典籍，并向往先人久绝的世业，重视孔子作《春秋》的历史贡献，有志于历史的论述，但一直未能实现这个志愿。临终前，司马迁答应父亲去完成他的遗愿。

从此，司马迁杜门谢客，潜心钻研学问，立志在史学上有所作为。3 年后，司马迁继任太史令，开始全身心地投入到编著史书之中。

司马迁作史书力求“究天人之际，通古今之变，成一家之言”。不仅大量涉猎典籍，旁征博引，还融合了自身游历天下的真实记录。

然而，不幸的事情发生了。天汉二年（公元前 99 年），李陵抗击匈奴，兵败投降，朝廷震惊。司马迁认为李陵投降是出于一时无奈，必将寻找机会报答汉朝。正好汉武帝问他对此事的看法，他就把自己的想法向汉武帝说了。汉武帝因而大怒，以为这是替李陵游说。司马迁被下狱，并在次年下“蚕室”，受宫刑。

如此奇耻大辱实在难以承受，司马迁几度想到了自尽。唯一心存的念想就是父亲临终的嘱托，这也是自己立志要做的事情。想到著述还没完成，本着“人固有一死，或重于泰山，或轻于鸿毛”的人生信念，从“文王拘而演《周易》，仲尼厄而作《春秋》，屈原放逐，乃赋《离骚》，左丘失明，厥有《国语》”等先圣先贤那里受到启发，决心“隐忍苟活”以完成自己的著作。

司马迁坚定信念，彻底抛开了个人的一切，忍辱著书。此后，经过约 10 年的辛勤写作，终于完成了《史记》这部不朽的杰作。

司马迁的《史记》包括八书、十表、十二本纪、三十世家、七十列传，共 130 篇，52 万余字，记述了中国上古至汉初三千年来的政治、经济、文化等方面的历史发展，是中国第一部纪传体通史。“本纪”叙述帝王的政绩；“表”是各历史时期的大事记，是全书叙事的联络和补充；“书”是个别事件的始末文献；“世家”叙述贵族王侯的历史；“列传”主要是各种不同类型、不同阶层人物的传记。

《史记》的人物传记在形成我国古典小说的传统风格中起到了重大作用，许多戏剧也取材于《史记》。由于“其文直、其事核、不虚美、不隐恶”而具有极其重要的史学价值。也因其体例独特、文字生动，对后世的史学和散文都产生了很大影响。鲁迅先生曾高度赞扬《史记》为“史家之绝唱，无韵之《离骚》”。

范式千里赴约

言不信者，行不果。

——墨子

“言必行，行必果。”这是中华民族的美德。诺言，在生活中总是富有吸引力的。情人的盟誓，朋友的许诺，英雄的豪言……令人神往，给人以信心和力量。

东汉时，有一位很有声望的太守，名叫范式，他是一个十分讲究信用的人。范式年轻的时候，在太学读书，与张劭是好朋友。后来二人各自归乡，范式将回山东，张劭则留在河南，河南与山东相隔千里。张劭站在路口，伤感地说："我在国学堂读书两年，最幸运的是结交了你这个朋友。这一去，不知何年才能见面……"说着，流下了眼泪。此时范式心里也很难过，便宽慰道："两年后的今天，我一定来看望你和你的母亲。"就这样，范式辞别而去。

张劭回家后便高兴地对母亲说："范兄说了，他两年后来看望我们。"母亲笑笑，虽然没说什么，但是她心里明白，这只不过是范式安慰自己的儿子罢了。

两年后的这一天，张劭很早就起床收拾，还让母亲赶紧备好酒菜，以此来款待不远千里赶来探望的同窗好友范式。

母亲看儿子这样当真，无奈地说道："你们分别都已两年，千里之遥，连个音信都没有，你怎么能相信范式的话呢？"可是张劭不这么认为，他跟母亲争辩说："范兄是极守信用的人，他一定不会失言。"母亲无奈地说道："但愿如你所说，我这就去准备酒菜。"

这一天，张劭一次又一次到大门口迎接，可是都到了正午，仍然看不见范式的身影。"儿子，菜都要凉了，范式不会来了，我们自己先吃吧！"母亲从厨房里端出菜，催儿子吃饭。"再等一会儿吧，范兄一定会来的！"张劭坚定地说。突然，一阵急促的叩门声传来，张劭激动地说道："一定是范兄来了！"说完，慌忙奔到门口去迎接，开门一看，果然是范式。

范式一脸风尘，从山东到河南，一千多里长路，跋山涉水，风餐露宿，整整花了半个多月的时间，才如约而至。

范式一诺千金，连张劭母亲都情不自禁赞叹：“真是个信义之士！”这就是范式恪守信用千里赴约的故事，千百年来一直被人们所传颂。

嵇康琴绝《广陵散》

安能摧眉折腰事权贵，使我不得开心颜。

——李白

嵇康，字叔夜，谯郡铚（今安徽濉溪西南）人，著名思想家、音乐家、文学家。

魏晋之交，曹氏与司马氏争权。知识分子在两大权力集团残酷倾轧中朝不保夕，如履薄冰。这一时期的知识分子崇尚清谈，反对名教，出现了著名的“竹林七贤”。当时，司马氏为夺取政权，对知识分子采取拉拢、迫害并重的策略。忠厚的山涛（字巨源）经不住威逼利诱，被拉拢过去，奉命劝说好友嵇康出来做官。

嵇康是“竹林七贤”中最杰出的一位，不但诗文俱绝，而且特别擅长音乐，其《声无哀乐论》是音乐美学的名篇，所弹奏的《广陵散》更是完美无比。嵇康洁身自好，小心谨慎，不愿卷入司马氏集团的夺权斗争中去。为杜绝所有说客，特地发表公开信《与山巨源绝交书》，因此得罪了司马昭。司马昭手下有个叫钟会的人，是一个专会玩弄阴谋的无耻小人，为了在司马氏集团面前立功，便想说服嵇康归附。

一天，嵇康正在家门前一株大柳树下打铁。钟会来到面前，嵇康依然挥锤不停，旁若无人。钟会被晾在一边，两人半天也不说一句话。对嵇康来说，他明知得罪钟会肯定会遭报复，但他又不能违背自己做人的原则。对钟会来说，没料到会碰个软钉子，内心滋生越来越深的恨意。沉默良久，他含怒转身，准备离开。忽听得背后嵇康朗声发问："何所闻（听到什么）而来？何所见（看见什么）而去？"钟会恨意刻骨，阴阳怪气地答道："闻所闻而来，见所见而去！"从此，钟会视嵇康为眼中钉，非置之死地而后快，常在司马昭耳边进谗言，想让司马昭尽早铲除嵇康。

这时恰好出现吕安的案子牵连到了嵇康。吕安是嵇康好友，其兄吕逊酒后强奸了吕安的妻子，生怕弟弟告状，去找嵇康说情，没料想被嵇康痛骂一顿，于是狗急跳墙，反诬吕安掴打母亲，于是吕安被捕入狱。没想到钟会抓住这个机会，趁机将嵇康也抓起来，欲杀之而后快。由于他在司马昭面前再三进谗言，历数嵇康种种"罪状"。司马昭盛怒之下，判嵇康和吕安死刑。在狱中，嵇康奋笔写下《幽愤诗》，控诉这颠倒黑白的社会。

嵇康要被蒙冤问斩的消息传到洛阳太学后，数千太学生义愤填膺，集体到监狱门前聚集，要求放人。各地贤士豪杰也纷纷提出要与嵇康同生共死，一起坐牢。司马昭气急败坏，急忙下令将嵇康立即处斩。

行刑那天，东市法场人山人海，为了见嵇康最后一面，太学生和朋友们慕名而来。可是刑场防卫森严，只允许妻儿长兄进入刑场与嵇康诀别。长兄从包袱中拿出弟弟平生最珍爱的古琴，递给了弟弟。嵇康盘膝端坐，轻拨慢抚，悠扬清冽的琴声顿时回荡在肃静的刑场。此时，琴声忽而低沉平缓，忽而峭厉激越，忽而徘徊低吟，忽而金戈齐鸣。在场的人听得如痴如醉，被嵇康美妙绝伦的琴声深深地感动。琴声一毕，顿时刑场上一片寂静。嵇康长叹一声说："当年袁孝尼再三请求学这首曲子，我没有答应他。《广陵散》从今以后将成为绝响了！"

嵇康死时刚满 40 岁，他正直高洁的气节与世长存。

孙康映雪

黑发不知勤学早，白首方悔读书迟。

——颜真卿

孙康，晋代京兆人，官至御史大夫。他出生于一个穷苦家庭，自幼聪敏好学，但是家中一贫如洗。白天他要帮家里干农活儿，从早晨一直忙到太阳落山，很少有时间学习。

孙康并不甘心日子就这样一天天地过去，他觉得自己年轻，精力旺盛，只要有学习的决心，总会挤出时间来的。因此，他白天有时间就多看书，晚上在床上默诵。对孙康来说，漫长的黑夜被浪费掉，实在太可惜了。于是，他开始想方设法地利用夜间读书。可是，晚上读书必须得点油灯，一个晚上，就要用去很多灯油。家里的生活如此艰苦，哪里还有钱用来买灯油呢？一到晚上，孙康便静静地躺在床上背书和默记书中的要领。他常常这样想：寂静的夜晚，如果能有一盏油灯，在灯光下夜读，该是一件多么美妙的事啊！

冬天的一个夜晚，孙康躺在床上，默诵着一首又一首古诗。突然，发现窗口处越来越明亮，他怀疑是到了快要出太阳的时候了。于是，他连忙穿上衣服，出门一看，原来是刚刚下了一场大雪，是白雪把窗口映得明亮了。整个山峦、村庄都变成了洁白的世界。孙康心想：既然白雪能映亮窗口，一定也可以用白雪来照亮儿读书吧。想到这里，孙康马上取出书本，跑到门外对着雪地反光一看，果然字迹清晰，甚至比一盏昏黄的小油灯还要亮堂许多。于是，他一个人蹲在雪地里，映着雪光开始读书。

孙康蹲在雪地上读书，虽然身上衣衫单薄，但由于他被书中的内容深深地吸引住了，一点儿也没觉得冷。直到深夜，他还在聚精会神地读书。在这滴水成冰的寒夜，衣着单薄的孙康蹲在雪地上，忘却了寒冷，忘记了贫穷给他带来的不幸和痛苦，全身心地投入到知识的海洋中。

从这以后，只要地上有积雪，他就天天夜间去映雪读书。穷人都怕过数九寒天，可是孙康却总是盼望着冬天早早到来，盼望着天降大雪。因为只有这样，他才可以在晚上读书。后来，其他人知道了这件事，对他这种刻苦学习的精神赞不绝口。

功夫不负有心人，孙康刻苦学习，终学有所成。后来，他成了一个很有学问的人，并当上了御史大夫。现在我们常常把"孙康映雪夜读"作为刻苦学习的典范，青少年们如果都有他的这种精神，那么将来的收获肯定是巨大的。

祖逖闻鸡起舞

业精于勤，荒于嬉。

——韩愈

祖逖，字士稚，范阳遒县（今河北涞水）人，东晋著名将领。父亲祖武曾经担任上谷(今河北怀来东南)太守。祖逖还很小的时候，祖武就去世了。祖逖从小性格豁达，不拘小节。十四五岁时，还没读多少书。进入青年时代，他意识到自己知识的贫乏，深感不读书无以报效国家，于是就发愤读书。

祖逖有一个好朋友叫刘琨，他们志同道合，早在青年时代就立下了报效祖国的宏图大志。他们每次谈论时局，总是慷慨激昂，满怀义愤。那时，他们一起担任司州（今河南洛阳东北）主簿（管文书档案的官）。他们感情深厚，志向远大，不仅常常睡在一起，合盖一条被子，而且还有着共同的远大理想——建功立业，复兴晋国，成为国家的栋梁之材。当时，西晋政权日益衰微，皇室内部相互残杀，争权夺利；北方又有匈奴乘机侵犯中原。面对这内忧外患的国家危局，两人忧心忡忡。

一天夜里，祖逖在睡梦中听到公鸡的鸣叫声，突然坐了起来，用脚踹醒刘琨，对他说："你听！这鸡叫声并不像人们传说的那么可怕呀！它在催我们起床呢！我们何不早点起来练习剑法呢？"这时刘琨已完全清醒了，他说："对呀！我们要报效祖国，没有真本领怎么行呢？只有刻苦练习，才能有过硬的本领呀！好！我们起床练剑吧！"于是，他们每天鸡叫后就起床练剑。剑光飞舞，剑声铿锵。他们刻苦训练，随时准备报效国家。

后来，刘琨被任命为并州（今山西太原）刺史。为了保卫并州，在敌强我弱的形势下，与匈奴兵展开了英勇顽强的战斗。而在匈奴侵占了中原之后，祖逖带领几百名乡亲退到淮河流域，将乡亲们安置下来。不久，西晋琅邪王司马睿任命祖逖为徐州（今江苏徐州）刺史，拨给祖逖粮食和布匹，命令他自己想办法召集人马北上抵抗匈奴。

祖逖来到淮阳，开始招募兵士，翻造武器。不久，祖逖便聚集了两千多人，率领兵士们一路向北挺进。当船行到江心的时候，他望着滚滚东流的长江水，心潮起伏，神情激昂。他敲着船桨，发誓道："我如果不能肃清敌人，就必像这东流水，决不返回。"祖逖的北伐，得到了人民群众的支持，很快收复了许多失地。后来，又在攻克蓬陂城（今河南开封附近）的战斗中大败赵国国主石勒，收复了黄河以南的大片土地。晋元帝封他为镇西将军。

在国家和民族生死存亡的紧要关头，祖逖能不顾个人安危，挺身而出，顽强战斗，屡建战功。他的这种爱国精神和民族气节将永远激励着后世的志士仁人。

久而久之，便留下了“闻鸡起舞”这个典故，用以比喻有志之士及时奋起。

陶渊明归隐田园

吾不能为五斗米折腰，拳拳事乡里小人邪。

——陶渊明

陶渊明，名潜，字元亮，自号“五柳先生”，东晋杰出的文学家和诗人，也是中国历史上赫赫有名的隐士。他出生在浔阳柴桑（今江西九江西南）的一个名门望族，曾祖父陶侃是东晋初年的著名将领，曾手握重兵镇守长江中游，都督八州军事，声威显赫一时。陶渊明自幼丧父，家境渐渐衰败。

陶渊明 41 岁任彭泽令，这是他自走上仕途以来最高的职位。但做了 80 多天的县令后，碰上一位欺上压下

的督邮大人来彭泽巡视，不愿为“五斗米折腰”的他便毅然辞去官职，带着妻儿回到家乡，做了一名隐士。他终日沉醉在如诗如画的景色中，每天饮酒作诗，生活得怡然自得。

不幸的是，一年夏天，陶渊明家里着了一场大火，从此家境大不如前。田地少了，雇不起帮工了，一家人只好更加辛勤地劳作。为了多种点儿粮食，陶渊明一家常常去开荒种地。有一次，他们找到一片废墟，只见井灶残存，尸骨遍地。看到眼前的一切，陶渊明感触颇深，归根到底，这动荡不安的社会根源皆来自争夺皇位的纷争。他总是在幻想着，假如能回到传说中的上古时代就好了。那个时候，粮食放在田间没人拿，东西遗失在路上没人拾，人们淳朴无私，自食其力，日出而作，日落而息……想着想着，陶渊明的脑海中越来越清晰地浮现出一幅美好的社会图画。在他50多岁的时候，终于以自己丰富的想象力写出了旷古名篇——《桃花源记》。

在《桃花源记》中，陶渊明为人们描述了一个没有官府、没有租税、和平宁静的美好社会。当然，这也只是陶渊明的幻想，但文章中所反映的那种人人平等、安居乐业的美好信念，那种对在苦难深渊中挣扎的农民的深切同情，具有十分重要的历史和现实意义。

可是，那毕竟只是幻想，现实生活总是很残酷的。一天，天气晴朗，太阳暖洋洋地照在地面上。陶渊明家门前忽然来了一些人。原来是新上任的江州刺史，专门前来拜访陶渊明。此时，陶渊明已经年过六旬了，卧病在床。看到刺史亲自登门拜访，陶渊明不得不在儿孙的搀扶下，勉强来到厅堂与刺史见面。当刺史看到陶渊明家房屋破旧，四周空空荡荡，不禁感慨万千。于是，刺史说明此行的目的，是希望陶渊明出山为朝廷效力。可是，陶渊明冷静地拒绝了，就连刺史带来的礼物也未曾收下。刺史感到十分尴尬，可是看到陶渊明已经年老多病，只好无趣地走了。

公元 427 年，在秋风的萧瑟中，在黄菊的清香中，陶渊明平静地离开了人世。依照诗人的遗嘱，陶渊明的葬礼办得很简单，他在安详之中回归了自己熟悉、陶醉的大自然。

陶渊明被称为“隐逸诗人之宗”，他开创的田园诗体使古典诗歌达到了一个新的境界。

柳宗元仗义护友

二十年来万事同，今朝歧路忽西东。皇恩若许归田去，晚岁当为邻舍翁。

——柳宗元

柳宗元，字子厚，河东解（今山西运城西南）人，著名诗人、哲学家、儒学家、政治家，是“唐宋八大家”之一。

贞元九年（公元 793 年），刘禹锡与柳宗元一并进士及第，从此相识而成莫逆之交。

“安史之乱”后，李唐王朝已是一个民不聊生、朝不保夕的颓废朝廷，刘禹锡、柳宗元等为了匡扶大唐社稷，救民于水火，一起参加了主张革新的王叔文政治集团。贞元二十一年（公元 805 年）正月，顺宗即位，王叔文集团当政，于永贞元年（公元 805 年）实行了变革运动——“永贞革新”。

然而，改革触犯了宦官的势力。宦官头子俱文珍忌恨王叔文的权力，便以顺宗的名义罢免了王叔文翰林学士的职务。不久，俱文珍又勾结一些对王叔文等人不满的宦官和权贵，把太子李纯（即唐宪宗）扶上了皇位，支持“永贞革新”的唐顺宗下了台。这样一来，那些早已不满革新运动的宦官和权贵们便开始大肆排斥王叔文集团的成员。宪宗下诏书将 8 名官员降职，派到边远地方当司马（官名），历史上把他们和王叔文、王伾合起来称作“二王八司马”。柳宗元和刘禹锡便是“八司马”之一。刘禹锡被贬为连州刺史，柳宗元被贬为邵州刺史。

在被贬的行进途中，他们又接到朝廷的圣旨，加贬刘禹锡为朗州司马，加贬柳宗元为永州司马。随后，还下诏规定：“纵逢恩赦，不在量移之限。”从此，“刘柳”跌入了政治漩涡的深渊，也让两人年轻时“励材能，兴功力，致大康于民，垂不灭之声”的理想一步步破灭。为此，柳宗元在《冉溪》一诗中感叹道：“少时陈力希公侯，许国不复为身谋。风波一跌逝万里，壮心瓦解空缧囚。缧囚终老无余事，愿卜湘西冉溪地。却学寿张樊敬侯，种漆南园待成器。”

朗州和永州都在现在的湖南省，两地相隔不算太远。柳宗元跟刘禹锡互相勉励，公事之余，常相邀一起游览山水，写下了许多著名的作品。柳宗元的《捕蛇者说》就是在这一时期写下的杰作。刘禹锡还根据当地的民间歌谣依调填词，写了十多首《竹枝词》，流传至今。

刘禹锡和柳宗元分别在朗州和永州一住就是 10 年。元和十年，一个好消息终于从天而降，当年的“八司马”除了韦执谊、凌准已死于任上，其余6人都被一纸诏书召回京城，重新委派工作。刘禹锡和柳宗元终于又回到了长安。

回到长安城后的一天，刘禹锡应邀去玄都观赏桃花。到了玄都观，看到鲜艳的桃花，熙熙攘攘的游人，刘禹锡不禁联想到自己10年被贬的生活，想到朝中许多新提拔起来的权贵都是过去和自己合不来的人，感慨万分。回到家后便写下了一首诗，抒发自己的感受："紫陌红尘拂面来，无人不道看花回。玄都观里桃千树，尽是刘郎去后栽。"

没想到，这首诗引起了一些权贵的不满。他们开始在宪宗面前恶意中伤，说什么刘禹锡这首诗表面看来是写桃花，实际是讽刺当今新提拔起来的权贵。宪宗听完之后很生气，下诏把刘禹锡派到遥远的播州（今贵州遵义）去当刺史。

播州比朗州更远、更偏僻，在当时还是荒凉之地，不宜居住。刘禹锡去也罢了，可他家还有八十老母需要人伺候，若跟刘禹锡一同到播州，如何受得了这份苦。

于是，柳宗元连夜写了一份奏章给宪宗，谈了自己的想法，请求把派给自己的柳州刺史的职务换给刘禹锡，让他到播州去。

柳宗元的真情打动了朝中一些富有正义感和同情心的大臣，他们也替刘禹锡求情。当时担任御史中丞的裴度向皇上进言道："播州极远，那里还是一片蛮荒之地，禹锡老母亲80多岁了，不能同去，肯定要与她的儿子永别了。如果这件事传扬出去，一定会有损皇上以仁爱孝道治理天下的形象的。恳请皇上把他派到近一些的地方去吧！"

最终，宪宗答应了柳宗元的请求，改派刘禹锡到连州（今广东连州）任刺史。

真朋友以道义交，于患难中见风骨。在朋友遇到困难的时候，想朋友所想，急朋友所急，慷慨地向朋友伸出援助的手，不也是我们今天所应当提倡的美德吗？

李白与杜甫：唐诗里的情义

> 甫少与李白齐名，时号李杜。尝从白及高适过汴州，酒酣登吹台，慷慨怀古，人莫测也。
>
> ——《新唐书·杜甫传》

李白，字太白，号“青莲居士”，唐朝伟大的浪漫主义诗人。

杜甫，字子美，自号“少陵野老”，世称“杜工部”“杜少陵”等。盛唐时期伟大的现实主义诗人。

李白和杜甫是中国盛唐时期两位杰出的诗人。李白被称为“诗仙”，其诗歌以浪漫主义艺术特色而闻名。杜甫被称为“诗圣”，其诗歌具有现实主义的艺术特色。

李白与杜甫虽然相差11岁，但他们之间却建立了一段深厚的友谊。郭沫若曾经在《诗歌史中的双子星座》中这样写道：“李白和杜甫是像兄弟一样的好朋友。他们在中国文学史上的地位，就像天上的双子星座一样，永远并列着发出不灭的光辉。”

李白生于公元701年，即武则天长安元年，5岁时随父迁居绵州彰明，即现在的四川江油青莲镇。他的父亲是一个很有文化教养的人，李白深受其影响，自幼聪明过人，饱读诗书，“五岁诵六甲，十岁观百家”，一度被称为“神童”。少年时代，李白仗义豪爽，好剑术，好交友，喜欢结交四方豪雄，执剑游历四方。

杜甫生于公元712年，今河南省巩义市一个世代“奉儒守官”的家庭，祖父杜审言是著名的诗人，官至膳部员外郎。父亲杜闲，当时任奉天令一职。杜甫7岁学诗，15岁时已诗名远扬。杜甫因曾在长安南的少陵居住过，世称“杜少陵”。

李白与杜甫的诗情友谊是从天宝三年开始的。这一年，李白因触怒权贵，被排挤出京城。草长莺飞的三月，李白带着皇帝赏赐的金子，离开长安，从此远离了仕途，重新开始了浪迹江湖的生涯。李白途经洛阳时，杜甫恰好也在洛阳，李白和杜甫因为一个偶然的机缘，在杜甫的父亲杜闲的家里相识。44岁的李白与33岁的杜甫，两个相差11岁的文人，因为诗歌一见如故，结为莫逆之交。

天宝三年的秋天，两人相约来到了梁宋。当时杜甫在诗中写道：“邑中九万户，高栋照通衢。舟车半天下，主客多欢娱。白刃仇不义，黄金倾有无。杀人红尘里，报答在斯须。”以此作为他们游侠的纪念。在这里，他们遇到了诗人高适，三人对诗文进行了切磋，这对他们以后的诗歌创作发展都起到了积极的作用。

天宝四年秋天，李白与杜甫在东鲁第三次会面。短短一年时间里，他们两次相约，三次会面，亲如手足，正像杜甫所写“醉眠秋共被，携手日同行”。在东鲁，李白、杜甫还曾共同拜访过当时以文章、书法驰名天下的李邕。

自东鲁分别后，两人再未相遇过，各自踏上了坎坷的人生征途。李白继续自己的飘零与落魄，而从未尝过人生艰辛的杜甫，也开始进入风雨飘摇的颠沛流离之中。

虽是各自飘零，但他们都一直牵挂着彼此。杜甫时常挂念着李白的衣食住行，担心他被贬以后的安全，直到晚年，杜甫还在天天盼望着“何时一樽酒，重与细论文”。多年以后，

当李白再一次游历到齐鲁，忆往思今，他动情地写下了《沙丘城下寄杜甫》一诗：“我来竟何事，高卧沙丘城？城边有古树，日夕连秋声。鲁酒不可醉，齐歌空复情。思君若汶水，浩荡寄南征。”

李白与杜甫的诗情友谊推动两人的诗歌艺术向纵深发展，达到了唐代诗歌艺术的顶峰，为中国文化和诗歌的发展做出了不可磨灭的贡献。

潜心钻研的司马光

长风破浪会有时，直挂云帆济沧海。

——李白

司马光，字君实，号迂叟，陕州夏县（今属山西）涑水乡人，世称“涑水先生”，进士出身。历任馆阁校勘、天章阁待制兼侍讲知谏院、御史中丞、翰林院学士兼侍读等职。熙宁三年（公元1070年），他因与王安石政见不同，坚辞不就枢密副使，出知永兴军（今陕西西安）。专事著史十余年。哲宗即位，高太后临政，召司马光入主国事。

司马光家世代为官，受家庭熏陶，自幼笃诚好学。他7岁时，“凛然如成人，闻讲《左氏春秋》”，即能“了其大旨”，常“手不释书，至不知饥渴寒暑”。15岁时，便“于书无所不通”，

“文辞醇深，有西汉风”。20 岁时进士及第，可谓功名早成。但他并不以此“矜夸满志，焜燿于物，如谓天下莫己若也”，而是豪迈地提出：“贤者居世，会当履义蹈仁，以德自显，区区外名何足传邪！”这些话反映了青年司马光的胸怀与器识，立志以仁德建功立业，不求虚名。

即使步入仕途，司马光仍继续广泛深入地学习，音乐、律历、天文、术数无所不通，其中最用心力的是对经学与史学的研究，可谓通习知晓，烂熟于胸。仅 26 岁一年，司马光所写读史札记，便多达三十余篇。司马光在担任天章阁待制兼侍讲官时，看到几间屋子存放的都是史书。浩如烟海的史籍，即使一个人穷其一生也是看不过来的，于是他产生了编写一本既系统又简明扼要的通史的想法，使人读了之后能了解几千年历史的兴衰得失。

最终，在宋英宗、宋神宗的支持下，司马光召集了当时著名的史学家刘班、刘恕、范祖禹等为助手，分别撰写史书中的几个部分，最后由他总成其书，其子司马康担任校对。司马光写史，按照历史

的本来面目据实直书，内容丰富，主题鲜明，编次有序，删繁求精，；在文字方面，做到了精练明畅，生动感人，韵味无穷。他最终用了19年时间编撰完成了《资治通鉴》这部书。

《资治通鉴》记述了从周威烈王二十三年到五代后周显德六年，共计1 362年的历史，共294卷，约300万字。在纷繁的历史内容中，司马光“专取关国家盛衰，系生民休戚，善可为法，恶可为戒”的史事而特意详述，以达到“鉴前世之兴衰，考当今之得失，嘉善矜恶，取是舍非，是以懋稽古之盛德，跻无前之至治，俾四海群生，咸蒙其福”。全书以中国传统文化的核心——伦理道德，作为主线贯穿始终。因此，“用人之道”“君臣之道”“德化之风”等多方面内容都包含于其中。

晏殊诚信

言无常信，行无常贞，惟利所在，无所不倾，若是则可谓小人矣。

——荀子

晏殊，字同叔，抚州临川（今江西抚州）人，北宋婉约派词人之一。晏殊7岁就能写诗作文，在当地被人称为“神童”。13岁时，他已学贯古今，比成年人还博学多才。这一年正值江南大旱，宰相张知白奉旨前往视察安抚，在江南发现了晏殊，对其极为赏识，于是将他带回京城，推荐给皇帝。此时正值进士殿试，皇帝命晏殊与其他一千多名进士一起参加面试。

晏殊从未见过如此大的场面：金銮殿上，宋真宗赵恒威严地坐在龙椅上，两旁文武百官肃立。大殿中央，摆着一排排给考生们用的桌椅。晏殊跟着进士们进殿，矮小的晏殊在考生中显得格外引人注意，宋真宗不由得多看了他几眼。只见他气宇轩昂，神情镇定，奋笔疾书。不一会儿，晏殊站起来将试卷交给监考官，是第一个交卷的人。真宗当庭阅卷，看完之后欣喜不已，立即授予晏殊“同进士出身”的学历。

两天后，晏殊按诏令又上金銮殿来考诗、赋和策论，这几门是晏殊最拿手的。他仔细阅读试题后，发现“赋”所出的题目是自己不久前做过的。当时他写那篇赋时，就得到了许多人的赞赏。他相信，如果将其原封不动地默写在考卷上，一定会得到皇上的青睐，这样做虽然不能算作弊，但晏殊觉得体现不出自己真正的水平。于是，晏殊从座位上站起来，向皇上表明：“‘赋’所给出的这道题不久前我曾经做过，请皇上换一道试题。”

话音一落，全场都惊呆了。考场上从来没有发生过考生要求换试题的事，这少年简直吃了豹子胆了，当着皇上的面竟敢提出换考题。这考题可是皇上亲自出的，触怒龙颜，可是性命攸关的事呀！监考官为晏殊捏了一把汗。那些参加考试的进士们也都停下了笔，惊恐万分地看看晏殊，又看看皇上的脸色。晏殊看到如此情景，非常奇怪：“我说的是实话呀，我要是不说出来才不对呢！”

这时，真宗皇帝笑着从龙椅上站起来，对晏殊说：“朕非常喜欢你，小小年纪却如此诚实有志气，将来必定是个贤臣。”于是，当场给晏殊重新出了一道题。晏殊接过试题，回到座位，略加思索便开始作答，不一会儿就完成了考题。真宗亲自从他手中接过写好的赋，看完之后，连声称好。听到皇帝的夸奖，小晏殊高兴得满脸通红。

宋真宗当场阅完试卷，任命晏殊为“秘书省正字”，特许他进入皇宫的书库读书，为其继续深造大开绿灯。晏殊做官后，每日办完公事，总是回到家里闭门读书。皇帝了解到这个情况后，十分高兴，就点名让他做了太子手下的官员。当晏殊去向皇帝谢恩时，皇帝又称赞他闭门苦读的学习劲头。晏殊却说：“我不是不想去宴饮游乐，只是因为家贫无钱，才不去参加。我是有愧于皇上的夸奖的。”皇帝又称赞他既有真才实学，又质朴诚实，是个难得的人才。过了几年，便任命他当了宰相。

程门立雪

学不可以已。

——《荀子·劝学》

杨时，字中立，北宋南剑州将乐（今属福建）人，熙宁进士，曾任工部侍郎，官至龙图阁直学士。当时跟杨时齐名的还有另一位学者，名叫游酢。二人已有许多文章问世，小有名气，但他们仍坚持学习，潜心治学，刻苦深造，力求在学业上有更高的建树。他们二人早就知道程颢与程颐两兄弟很有学问，所以不远千里从南方北上求师。

他们先是拜程颢为师，对程颢的学说钻研不懈。程颢也认真地传授给他们知识，师生之间其乐融融。可是好景不长，程颢不久便因病去世了，杨时和游酢都悲痛万分。但他们并没有因此而终止求学，打算转拜程颐为师。此时，他们都已 40 多岁了，旁人劝阻说：“以你们现在的资历和官位，足以坐享功名利禄，不必浪费时间去拜师求学了。”而他们却说：“学无止境，我们与程颐先生相比还差得很远，哪里敢故步自封。”

于是，他们毅然放弃高官厚禄，来到程颐家拜他为师。这是一个寒冷的冬日，伊河洛水一带天寒地冻，他们二人已约好到程颐家拜师求教。两人来到程颐的宅邸，经过书房的窗户时，发现程老先生正在摇椅上闭目而睡。二人深知先生整日讲学思考问题，难得有这片刻的休息，于是决定不去打扰他，轻手轻脚地退到大门边等候。

其实，程颐根本没睡觉，只是在闭目养神，刚刚看了半天的书，眼睛和大脑都很疲乏。他早已听到有客人来访的脚步声，眼睛半睁半闭中看出来者是杨时和游酢二人。他早就听哥哥程颢夸奖过这两位学生，常说他们在学习上特别能吃苦，猜中他们是来求学的。程颐故意装睡，想考验一下这两位有身份、有地位、年龄也较大的学生拜师是否出于真心。

可是，不知什么时候，天气骤变，鹅毛般的雪片随着呼啸的北风飘了下来，气温急剧下降。衣着单薄的杨时、游酢二人开始感到冷得发抖，尤其是两只脚冻得难以忍受。但他们却不能跺脚，怕跺出声来会吵醒老师，所以就一动不动地站在那里，任凭风吹雪打。时间就这样一分一秒地过去了。

程颐觉得时间也不短了，就睁开双眼，把他们请到屋内，故作惊讶地说："天气这么冷，你们还在这里呀！"

二人急忙答道："晚生已在此恭候多时了。"虽然此时杨时和游酢冻得直哆嗦，但是他们并没有一丝疲倦和不耐烦的神情。这让程颐感动不已，于是，亲手帮他们掸去身上厚厚的白雪，当即收下了这两位品学兼优的学生。在程颐的悉心指导下，他们的学业进步很快，成为程门有名的学子。

后来，由于朝政腐败，杨时已厌倦官场，决定要回到南方老家去。临行前他特地到老师家里告别。杨时十分感谢老师多年的指点和教诲，立志继承老师的志向，宣扬理学，汇辑整理《二程粹言》等。

学痴王冕

书山有路勤为径，学海无涯苦作舟。

——韩愈

王冕，字元章，浙江诸暨人，元代著名的画家、诗人，工墨梅，也擅竹。

王冕出生在一个普通农民家里，家境贫困上不起学，但这并没有让他放弃读书求学的念头。相反，这种困境反而促成了他养成勤学苦读的良好习惯。

王冕小时候，有一次出去放牛。临行前，母亲嘱咐道："今天可不要再把牛弄丢了！"父亲在后面大声训斥："再丢牛我就打断你的腿！"

小王冕听到父亲的斥骂，飞快地跑出了家门。他从牛圈里牵出两头老黄牛，这两头牛是他家仅有的财产，父亲把它们看作性命一样重要。可就在昨天，小王冕竟然将它们弄丢了。幸亏村里人在另一个山头上看到，认出是他家的牛，将它们送了回来。

村口大樟树下，有一个小学堂，王冕每天出来放牛都要经过这里。早上，有钱人家的孩子来这里上学。小王冕是多么羡慕啊！可他家里没有钱供他读书。

学堂里，学生们都到齐了，老师开始上课。悦耳的读书声从窗口传出来，像天籁一般，摄走了小王冕的魂魄。他的双脚又不由自主地移向学堂。"可以去听，但是今天可不能再像昨天那样把牛给丢了。"小王冕边在心中告诫自己，边向学堂的大门走去。"只听一会儿，然后就去放牛"，小王冕又一次提醒自己。

小王冕偷偷溜进学堂大门，趴在窗台上听学生们朗读。听着，听着，身边的世界渐渐地离他远去，他仿佛来到了一个从来没有看见过的美好世界。母亲的嘱咐、父亲的斥骂，还有那两头牛，统统都丢到一边去了。

“牛呢？”父亲见儿子又是一脸痴迷的样子回来，意识到牛可能又丢了，赶快出门去看，果然，两头牛没回来。父亲气得拿起扁担就打。小王冕知道自己又闯了大祸，赶紧和家里人漫山遍野地去找，幸运的是，这两头牛都还在山丘上吃草呢。

后来，母亲劝父亲说：“儿子痴成这样，也没有办法了，不如随他去吧。他喜欢干什么，就让他干什么去。”父亲想想，也只好同意了。

白天，王冕仍然放牛，利用晚上的时间读书。家里没钱买灯油，他就跑到附近的寺庙里去，那里的大殿上有长明灯。王冕等寺里的人都睡着了，就偷偷爬到大佛的膝上，借着长明灯的灯光看书。坐到佛的膝上，是对佛的不敬，被寺里的人看见，是要被处罚的。可王冕没有办法。因为，只有在这个地方，才能看得清书上的字。

王冕爱书成痴的消息传到了会稽韩性的耳朵里，他觉得王冕是个难得的人才，于是就把他收为弟子，亲传学识。从此，王冕有了自己的老师，最终成为一代奇士。

徐霞客历险寻幽

亘古人迹未到之处，不惜捐躯命，多方竭虑以赴之，期于必造其域，必穷其奥而后止。

——徐霞客

徐霞客，名弘祖，字振之，号霞客，江苏江阴人。明代地理学家，死后有《徐霞客游记》传世。

徐霞客从二十几岁开始出游，直至五十余岁去世，为了探索自然的奥秘，30 多年间背负行囊，不畏艰险，走遍了大半个中国。成为中国对地理、地貌做系统考察，对岩溶、水文、植物、气候进行观察、记述并探究奥秘的第一人。

为了弄清雁荡山大龙湫瀑布源头和雁湖的地理位置，徐霞客曾历经艰险，两上雁荡山。《大明一统志》载，雁荡山顶有个雁湖，是大龙湫的水源。徐霞客第一次游览雁荡山，就决定爬上山顶，看个究竟。

徐霞客与莲舟和尚带着两个仆人，在当地向导的带领下，手拄拐杖，拨开荆棘蓬草，开始了艰难的探险之旅。过了不久，向导告诉他们，翻越过三个山头，即可到达山顶，然后就告辞了。徐霞客按向导指明的方向往上爬。

翻越过一个山头就没有了路，再翻过一个山头，只见顶峰高高地耸立在半空中。哪里有湖泊呢？徐霞客看着陡峭的山峰，心想。未到顶峰，怎能确定雁湖到底在哪里？于是他们继续攀登。山势越来越险峻，走过一段陡峭如刀背的山脊，终于到达山顶。山顶上果然没有湖。

通过这次考察，他发现了史书上记载的错误，衣服虽然磨破了，甚至有几次差点坠入深渊，不过他的心情却很愉快。唯一遗憾的是，没有搞清雁湖到底在哪里。

20 年之后，徐霞客重游雁荡山，目的就是为解开雁湖所在地之谜，以及大龙湫水源之秘。这一次，他跟着向导从另一条路往上攀登，直插雁荡绝顶。越爬越高，身后群山渐低。翻过山脊，徐霞客站定仔细一看，只见山自东北最高处迤逦而来，分成四支山脉，每一支山脉的山脊都隐隐隆起，围成了三块低洼地，每块低洼地中又有山脊横贯南北，把洼地一分为二。低洼地中积水成浅湖，长满了青草，远远看去，一片碧绿。

向导对徐霞客说：“你看，这就是你要找的雁湖！”徐霞客惊喜地点了点头说道："是啊！原来雁湖根本不在山顶，而在山脊合围之中。"终于找到了思慕已久的雁湖，徐霞客喜出望外。接着，他开始仔细观察雁湖的水流情况，终于发现湖水分流南北，同大龙湫毫不相干。他对同行的族兄徐仲昭说："你看这雁湖水一支往南，一支往北，与大龙湫风马牛不相及，可见志书所载'宕在山顶，龙湫之水，即自宕来'跟事实完全不符。"他为自己的发现兴奋不已。

有一次，徐露客去九疑山考察三分石，他找了一位瑶族百姓当向导。一路上经过杨子岭、九龟进岩、蟠龙峒等地，然后渡过牛头江，到达烂泥河。九疑山风景优美，徐霞客高兴地对仆人说："这山上多美啊！天色不早，吃了饭再走吧！"

饭后，他们继续往西南走，只见山花争奇斗艳，枯树间生长着厚大如盘的蘑菇。徐霞客采了一些兜在衣袖里，继续往南走。黄昏时分，他们到了三分石岭下。山岭峻峭，难以立足。他们沿着灌木丛中的小路上山，可是浓雾涌起，遮住了山头，看不清前进的路，一会儿天就黑了。他们只得在树林里砍出一块空地，生火露宿。山高水远，有火也做不了饭，只能用烤熟

的蘑菇充饥。向导又砍来了木柴准备烤火过夜。

不料，半夜里狂风大作，下起了瓢泼大雨。雨水浇灭了火堆，浇湿了衣被，三个人又冷又饿，熬过了艰难的一夜。

次日早晨，雨水洗过的山冈显得格外清秀。他们继续在山中行走，终于来到了三分石。

徐霞客见到三分石，忘掉了所有的不适，立即着手考察三分石的水文情况。他发现三分石果然名不虚传，是三条河水的分水岭。据志书所载，从三分石流下去的水一出广东，一出广西，一出湖广。可徐霞客经过实地考察却发现，从三分石流下的水分为三支，一出大洋为潇水之源，一到蓝山为岿水之源，一入江华为沲水之源，唯独不出两广，从而纠正了志书中记载的错误。

徐霞客一下山便病倒了，但他仍然支撑着病弱的身子，继续行走在科学考察的道路上。著名的《徐霞客游记》就是他一生坚持科学考察的真实记录，就是他不畏艰险，勇于攀登，为科学献身的崇高品质的真实记录。

宋濂苦学

自少至老，未尝一日去书卷，于学无所不通。

——《明史·宋濂传》

宋濂，字景濂，先祖为浙江潜溪人，到宋濂时全家搬到现在的浙江浦江。明初文学家，居明朝开国文臣之首。

宋濂为官20多年，为人诚实，从不在背后说别人坏话，并且学问渊博，无所不通。明太祖朱元璋对他十分赏识，每当闲暇时，宋濂来见，都设座赐茶，听他讲学论政。

宋濂从小就非常爱读书，到了痴迷的程度。但他家里很穷，连饭都吃不饱，哪里有钱买书呢?

浦江是个不大的地方，但也有一些藏书之家，宋濂就上门去借。主人见这少年如此爱看书，也就借他一两本，但要求他在限期内归还，因为读书人都是不太愿意将书出借的。宋濂借到书后，连夜阅读，并将整本书抄录下来，以便以后再仔细研读。

抄书是一件很辛苦的事，抄久了，手都会麻木抽筋。特别是数九寒天，连砚台里的墨汁都结了冰，手指冻得伸不直，宋濂仍然不懈怠，往砚台里加点热水，将手搓热，又接着抄写。有时候一抄就是一个通宵，因为第二天必须还书。久而久之，他的守信和勤学在当地出了名，藏书的人家都愿意借书给他，宋濂也因此得以博览群书。

10 岁时，宋濂已经读遍浦江所有藏书人家的书，他越来越钦慕圣贤的为人治世之道，但苦于当地没有名师指点，就决定外出求学。

不久，听说百里外有个通经识儒的大学者。宋濂决定拜他为师，背着书箱和简单的行李上路了。当时正值寒冬腊月，宋濂无钱购置冬装，只能穿着单薄的衣衫和破鞋子上路。许多天来，因没钱买吃的东西，他一路忍饥挨饿。

这一天，宋濂来到深山巨谷中，正遇大雪。他已经一天没进一粒米了，又冷又饿，背着的书箱感觉越来越沉。他知道一定不能在此倒下，咬着牙，在雪地里拖着书箱前行。好不容易硬撑着来到旅店，四肢已冻得僵硬不能动，刚到门口，就昏倒在地。好心的店主连忙用热水给他擦身，将他安置在床上，盖上被子。过了许久，宋濂才渐渐缓过来。

慕名来听大学者讲学的学生很多，大家都住在一家旅店里。这些学生大多是富家子弟，他们身穿绫罗绸缎，腰佩美玉。吃的是山珍海味，美酒佳肴。而宋濂穿着打了补丁的旧衣服，吃的是粗茶淡饭，一天也仅能吃两餐。旅店里的人在背后指指戳戳，议论他的寒酸。

面对这一切，宋濂坦然处之，丝毫不为自己的贫穷而自卑，也不羡慕别人的富裕，他把全部精力都用在学习上。他说：我已在书中找到了人生的乐趣，吃穿享受，怎能比得上读书所带来的快乐呢？

文徵明不畏权贵

富贵不能淫，贫贱不能移，威武不能屈，此之谓大丈夫。

——孟子

文徵明，初名壁，字徵明，号“衡山居士”。长洲（今江苏苏州）人，明代书画家、文学家。

文徵明是“吴中四才子”之一。他的诗文、小楷、古篆、绘画俱佳，人称“徵明四绝”，为后世留下了弥足珍贵的文化遗产。他小时候并不聪敏，而是依靠自己的勤奋好学才有了后来的成就。

较之文徵明留下的诗文书画，他的人品、节操更加值得后人追慕。文徵明的父亲当过温州知府，不幸死在任上。温州的大小官员和老百姓凑了数千两银子作为丧礼。文徵明分文不受，全部退了回去。为此，人们特地建造了一座“却金亭”，以纪念此事。

后来文徵明虽然出了名，但依然坚守一贯的操守。历来有不少文人喜欢攀附权贵，以博取名利地位，而文徵明却从不媚权贵。嘉靖初年，张孚敬风头正健，当上了内阁大臣。他年轻时曾得到过文徵明父亲的赏识，如今得了势，便派人暗示文徵明投靠自己。当时，文徵明正当着翰林院待诏。

明代重视的是八股科举，文徵明没有中过进士，所谓翰林院待诏，无非是皇帝的清客帮闲，无法施展自己的真才实学。这时，只要他巴结上张孚敬这样炙手可热的大臣，不难平步青云，可是他谢绝了。

杨一清入阁辅政后，也想把文徵明这位名士网罗到自己手下。有一次，他见到文徵明，急忙恳切地说道："你还不知道令尊大人当年同我交情不浅吧？"这本来是一个联络感情的绝好机会，但文徵明却毫不客气地回答："家父丢下我这个不肖之子已30多年，他生前所提到的我至今一字不敢忘怀，实在没听说过大人是先父的朋友。"令杨一清尴尬得几乎下不了台。

后来，杨一清同张孚敬商量好了，决定提拔文徵明，但是他不但没有接受，反而坚决辞官回家去了。

文徵明虽名噪一时，却淡泊名利，甘于清贫。有一次，巡抚俞谏想送给文徵明一笔钱，便说道："这么破旧的衣服，你怎么还穿在身上？"文徵明回答道："衣服破了可以再换新的，人格破了就很难复原了！"这句话说得再明白不过了，俞谏也就不好再提送钱之事了。

这样的例子还可以举出不少。例如，宁王朱宸濠曾派人带着书信重礼聘请他，他却推说有病，一口回绝。周王、徽王曾送给他许多珍宝古玩，都被他原封不动地退了回去。

文徵明是货真价实的名士，他的诗文书画是艺术水平很高的珍品，尽可以卖出高价，但是文徵明却志不在此。平常百姓请求文徵明作诗、撰文、写字、绘画，他几乎有求必应，因此，当时"四方乞诗文书画者，接踵于道"，而有财有势的富贵人家，靠钱财和权势却得不到他的只言片字。文徵明尤其不愿为王公贵戚和气焰熏天的宦官写字作画，如果逼急了，他就干脆严词拒绝说："你就算杀了我，我也不会给你动笔！"

在明代中期，吴中文人辈出，文风极盛，而文徵明却能“主风雅数十年”。显然，这不仅是因为他的诗文书画均有极高的成就，还在于他拥有令人敬仰的人格魅力。

方孝孺威武不屈

以此殉君兮抑又何求？呜呼哀哉，庶不我尤！

——方孝孺

方孝孺，字希直，又字希古，号逊志，浙江宁海人，明代大臣、著名学者、文学家、散文家、思想家。“靖难之役”后，因不肯屈从朱棣的威势，拒不草拟继位诏书而被杀害。

公元1398年，明太祖朱元璋逝世。皇太孙朱允炆受天下拥戴，继承了帝位，即明朝第二位皇帝——明惠帝（后世称建文帝）。

年轻的惠帝即位后，作为老师的方孝孺尽心辅佐，积极推行新政，加强德治，废除老皇帝的严刑峻法，一时间社会安定，路不拾遗。京城里有在路上拾得钱财者，拂去沾在钱上的尘土，放到高处拿石块压着等失主认领。国势清平后，最让惠帝担忧的是各路藩王手中的兵权。于是，方孝孺和其他大臣给惠帝出谋划策实行撤藩。

朱元璋的第四子燕王朱棣不同意撤藩，认为方孝孺等人是“奸臣”，蛊惑皇上倒行逆施。他打着“清君侧”的旗号，举兵北平，与侄儿展开了一场长达三年之久的皇位争夺战。公元1402年，南京城被朱棣攻下。

朱棣尽管成功地坐上南京奉天殿里的龙椅，却抹不去杀侄篡位的事实。为了镇压舆论，他一面大肆杀戮所谓的“奸臣”，铲除惠帝的残余势力；一面收买笼络人心，动员方孝孺这样的名儒草拟诏书，为他登基制造舆论。

在新皇帝登基举国同庆的时刻，方孝孺竟身穿丧服，一路哀号着来到奉天殿上。即便这样，朱棣也没怪罪他，还屈尊以降，从御座上下来慰勉方孝孺："先生不要太过悲伤了，我会以'周公辅助成王'作为自己效法的榜样的。"

方孝孺问："可是你说的成王如今在哪里呢？"

朱棣答："他自焚死了。"

方孝孺问："那为什么不立成王的儿子？"

朱棣答："皇子太小了，怎么治理国家？"

方孝孺紧接着追问："那为什么不立成王的弟弟呢？"

朱棣只好搪塞说："这是我们自己家里的事，先生不必操心了！"说着令左右拿来纸和笔给方孝孺，请他草诏。

方孝孺拿过笔来扔在地上，说："我不会起草！"此话一出，就意味着抗旨，而抗旨在那时是罪该万死的。

此时的朱棣气得脸色煞白，杀气腾腾地问："莫非你不怕杀头株连九族？"

方孝孺斩钉截铁地回答："灭十族我也不起草！"

至高无上的权威在这里受到了严重的挑战。朱棣一气之下，果然灭了方家十族。在处决这些人时，刽子手故意让方孝孺眼睁睁看着自己的亲友一个个倒下去，在血泊中痛苦地扭动着身体，企图从精神上摧垮他。但方孝孺大义凛然，双目炯炯地站着，心中承受着一般人难以承受的悲愤和重压。当弟弟方孝友被绑赴刑场时，他忍不住流下泪来。孝友当场作绝命诗鼓励哥哥：

吾兄何必泪潸潸，取义成仁在此间。
华表柱头千载鹤，旅魂依旧到家山。

吟毕，镇静自若地躺在铡刀上。方孝孺破口大骂，刽子手残忍地割去他的舌头，最后被磔（古代的一种酷刑，即分尸）杀而死。受其株连，先后共有八百七十余人死于朱棣的刀下。

在方孝孺看来，朱棣是弑君篡位的国贼，天理难容，他怎么可能替这样的人草拟诏书呢？在大是大非面前，他不回避矛盾，不想明哲保身，更耻于奴颜媚骨。他决不扭曲自己的文化良知，无论为此要付出什么代价，都敢于亮明旗帜，坚守人格尊严，表现出一种“威武不能屈”的精神力量。

汤显祖落第不落志

岂学浮游者，徒沾京路尘。

——汤显祖

汤显祖，字义仍，号若士，临川（今江西抚州）人，明代著名的文学家、戏曲作家。代表作品有《还魂记》《邯郸记》《南柯记》《紫钗记》，合称《玉茗堂四梦》。

明万历五年（1577年），汤显祖与好友沈懋学两人进京考试。一天，一位贵客登门，此人名张居谦，是当朝宰相张居正的亲戚，张居正可是赫赫有名的首辅之臣。明神宗当太子的时候，张居正是他的老师。明神宗登基后，张居正自然得以重用，被视为肱股之臣。张居正在当时还是改革派的代表人物，有“中兴重臣”之美誉。

见到汤显祖和沈懋学，张居谦说：“丞相大人非常赏识你们俩的文才，愿意收你们为弟子，特意要我来邀请你们去相府做客。”从来都是考生想方设法拜谒考官的，能见到丞相大人那更是求之不得。可汤显祖觉得其中必有蹊跷，当场谢绝了张居谦的邀请。

沈懋学平日也自视清高，但这个关键时刻却犹豫了，他对汤显祖说：“我们在考前去拜见门师，是历来的规矩，有何不可？”而汤显祖却认为：“我们在考前投到丞相的门下，将来考官在录取时，必然会卖他的面子。即便我们考上了，也很不光彩。”

沈懋学只好一人拿了文章去见张居正。张居正是堂堂的丞相，为何屈尊来请汤显祖和沈懋学呢？当然事出有因。张居正的第二个儿子张嗣修这一年也要参加考试。张嗣修文采平平，而张居正却希望他金榜题名。本来以张居正的权势，通通关节也是可以办到的，但张居正又想做得冠冕堂皇。

有人给张居正出了个主意，让他找两个有名的才子和张嗣修一起参加考试，让他们中状元、探花，而只让张嗣修名列榜眼。这样，天下人就不会说三道四了。张居正觉得这个办法不错，立即派人打听，了解到考生中汤显祖和沈懋学是最有才华的，张居谦又刚好认识他俩，因而就派他去拜访。

沈懋学跟着张居谦去了丞相府，汤显祖一个人留在旅馆，仍然安心看书，准备考试。不久，张居谦又上门来了。他对汤显祖说：“丞相看了懋学的文章，很欣赏。他听说你的文章在懋学之上，你带文章去见他，定能受到青睐。”这一回，张居谦把话说得再明白不过了。汤显祖一听，心里清楚，只要自己去见丞相，考上是不成问题的，但他不愿这样做。

汤显祖对张居谦说：“小生非常感谢丞相的厚爱，但我现在要忙着准备考试，待以后有机会定去拜访。”

“你去说不定就让你中状元了。”张居谦说。

“正因为这样，我才不去。我不愿做假状元被天下人耻笑。”汤显祖一口回绝。

张居谦讨了个没趣，悻悻回丞相府汇报去了。自然，这一年，沈懋学中了状元，张嗣修中了榜眼，而最有才学的汤显祖却名落孙山。落榜，是在汤显祖的意料之中，但他一点儿也不后悔。

过了三年，他又进京考试，谁知这次又碰到张居正的长子、三子考试。三年前的一幕再次发生，汤显祖仍然敬谢不敏，回话说："我不能自辱失身。"桀骜不驯的汤显祖再次落第。一直到万历十一年（1583年），张居正病故后，汤显祖才中了进士。汤显祖虽多年落第，却坚守了文人的尊严。

史可法狱中探恩师

城存与存，城亡与亡，吾头可断，身不可辱。

——史可法

史可法，字宪之，号道邻，祥符人（今河南开封），明末政治家、军事家。因抗清被俘，不屈而死，是我国著名的民族英雄。

一年冬天，少年史可法借住在一座古寺里，准备进京赴考。时值寒冬腊月，他刚写完一篇文章，觉得极其困乏，竟然伏在桌上睡着了。外面飘着雪花，屋子里寒气逼人。这时，有几个牵着马的人走进古寺来，其中有御史左光斗，他这次是微服出来视察京城考生的情况的。

左光斗见一书生伏在书桌上睡着了，边上有一篇墨迹未干的文章，便拿起来读，心中禁不住赞叹："好文章！"立即将身上的貂皮大氅解下，轻轻地披在书生身上。然后，掩上房门出来问方丈，才知道此人叫史可法。

到了考试的时候，考官叫到史可法的名字，左光斗目光炯炯地注视着。后来读到考卷，果然出手不凡，史可法考得第一名。左光斗将他召入府中，让他拜过夫人，并对夫人说："我们虽有儿子，但碌碌无为。将来继承我志向的唯有他！"

后来恩师左光斗因弹劾魏忠贤被关在东厂监狱里了。魏忠贤是个太监，在朝中一手遮天，专断国政，把国家搞得日益腐败。左光斗和杨涟等大臣实在看不下去，上书弹劾魏忠贤，却被他抓进东厂监狱。

左光斗在狱中受尽酷刑，狱卒令他赤足在烧红的铜板上走。即使经受非人的折磨，左光斗也不屈服。东厂监狱防范甚严，就连犯人的家属也不能接近。史可法到处奔走，设法进监狱探望恩师。他拿了五十两金子，找到牢头的家。说起恩师左公，史可法涕泗横流，牢头也被感动。第二天，他让史可法换上破衣草鞋，肩背箩筐，手拿铲子，化装成清洁工进入监狱。

左光斗倚墙席地坐着，面额焦烂模糊，浑身是血，左膝以下，筋骨尽脱。史可法看到恩师被折磨得如此惨烈，心如刀绞，扑上去跪在地上，抱住老师的两膝痛哭不止。

左光斗听出是史可法的声音，奋力睁开血肿的眼睛说："这是什么地方？你竟前来！国家已经糜烂成这样，我死不足惜，你如昧良心求生，天下还有谁能做支柱？快给我回去，不然我就打死你！"他摸索着捡起地上的刑械，要向史可法扔去。史可法赶紧止住哭声，急急退了出去。

后来，每次提到探监的事，史可法都会落泪。他对恩师佩服得五体投地："我老师的肺腑，是钢铁铸造的呀！"

史可法任兵部尚书期间，常经过老师的家乡安徽桐城。每次都要去探望老师的父母和夫人及兄弟，并亲自侍候太公、太母的起居、饮食，视师母如同亲娘。

崇祯十七年（1644年），史可法以督师之名守孤城扬州，常常是几个月不就寝，让将士们轮流休息，自己坐在帐幕外值更。每到冬夜，盔甲上结满冰霜，稍一抖动，落地铿锵有声。手下的将士劝他休息一会儿，他说："我上恐有负朝廷，下怕对不起我的老师，不敢有丝毫懈怠。”

史可法虽然最后抗清被俘，不屈而死，但其从老师那里学得的忠诚及对国家的挚爱，得到了世人的敬重，甚至连清朝的乾隆皇帝都敬其忠义，追谥“忠正”。

第二章 齐家

曾子杀猪为诚信

言信乎群臣，泽施乎百姓。

——曾子

曾子，名参，字子舆，春秋末鲁国南武城（今山东平邑南）人。孔子的学生。他勤奋好学，性情沉静，举止稳重，为人谨慎，待人谦恭，以孝著称，颇得孔子真传。曾子积极推行儒家主张，传播儒家思想。孔子的孙子孔伋（即子思）师从曾子，又将所学传授给孟子。所以，曾子上承孔子之道，下启思孟学派，对孔子的儒学学派思想既有继承，又有发展和建树。曾子的修齐治平的政治观，省身、慎独的修养观，以孝为本的孝道观影响中国两千多年，至今仍具有极其宝贵的社会意义和实用价值。曾子的著述有《大学》《孝经》等，后世儒家尊他为“宗圣”。

有一天，曾子的妻子要去赶集，孩子哭着叫着要和母亲一块儿去。于是母亲骗他说：“乖孩子，待在家里等娘，娘赶集回来给你杀猪吃。”孩子信以为真，一边欢天喜地地跑回家，一边喊着：“有肉吃了，有肉吃了！”

孩子一整天都待在家里等母亲回来，村子里的小伙伴来找他玩，他都拒绝了。他靠在墙根下一边晒太阳一边想象着猪肉的味道，心里甭提多高兴了。

傍晚，孩子远远地看见母亲回来了，一边三步并作两步前去迎接，一边开心地喊着：“娘，娘，快杀猪，快杀猪，我都快要馋死了！”

谁知，曾子的妻子却说：“一头猪顶咱家两三个月的口粮呢，怎么能随随便便杀呢？”

孩子“哇”的一声哭了。曾子闻声而来，知道了事情的经过以后，二话没说，转身就回到屋子里。过一会儿，他举着菜刀出来了。曾子的妻子吓坏了，因为曾子一向对孩子非常严厉，以为他要教训孩子，连忙把孩子搂在怀里。哪知曾子却径直奔向猪圈。

妻子不解地问：“你举着菜刀跑到猪圈里干啥？”

曾子毫不思索地回答：“杀猪。”

妻子听了扑哧一声笑了：“不过年不过节杀什么猪呢？”

曾子严肃地说：“你不是答应孩子要杀猪给他吃吗？既然答应了就应该做到。”

妻子说：“我只不过是骗骗孩子，和小孩子说话何必当真呢？”

曾子说：“对孩子就更应该说到做到了，大人说话不算话，以后有什么资格教育孩子呢？”

最后，夫妻俩真的杀了猪给孩子吃，并且宴请了乡亲们，告诉乡亲们教育孩子要以身作则。

虽然曾子的做法遭到一些人的嘲笑，但是他教育出了诚实守信的孩子。曾子杀猪的故事一直流传至今，他的人品一直为后代人所敬重。

孟母教子

昔孟母，择邻处。子不学，断机杼。

——《三字经》

孟子名轲，字子舆，邹国人，战国时期的思想家、政治家、教育家。孟子及其门人著有《孟子》一书。孟子继承并发扬了孔子的思想，成为仅次于孔子的一代儒家宗师，对后世文化的影响全面而巨大，有“亚圣”之称，与孔子合称为“孔孟”。

战国时代，我国学术史上出现了百家争鸣的景象，孟子正是由这样的时代所孕育出来的杰出人物。孟子成为大学问家与母亲从小对他的教育是分不开的。

孟子 3 岁时父亲就去世了。在母亲的抚育下，孟子聪明且善于模仿，但由于父亲过早去世，家庭经济拮据，母亲便把家安到了僻静的郊外。

离家不远的地方，有一片墓地，经常有人来挖掘墓坑，行丧礼，吹吹打打。孟子觉得很好玩，于是就经常和小伙伴们一起在墓地里追逐嬉戏，玩得连读书都忘记了。母亲看在眼里，急在心上。于是，她带着孟子搬到了集市旁。

集市上人来人往，络绎不绝，商贩们高声叫卖，推销着自己的商品。孟子很快模仿起来，在集市上嬉闹、玩耍，不肯用功读书。

孟母这才意识到，孩子是喜欢模仿的，看到什么就喜欢学什么。于是，孟母决定利用孩子善于模仿的特点，因势利导，把家搬到了一所学馆旁。

学馆里聚集了许多有学问的读书人，他们进进出出很懂礼仪。在这种氛围的熏陶下，孟子也学着他们的样子，整天在家读书习礼，再也不出去玩耍了。

孟母很高兴，于是，他们在学馆旁定居下来。

孟子一天天地长大了，到了读书的年龄便进了学馆。开始，孟子学习不用功，孟母看在眼里，十分焦急。

有一次，母亲正在织布，孟子又早早地从学堂回来了。母亲问他："你怎么这么早就回来了？"孟子若无其事地答道："我想母亲，所以就早点儿回来了。"母亲听后皱了皱眉头，接着问道："你近来读书怎么样了？"

孟子漫不经心地答道："还不是跟以前一样，不好也不坏呗！"

听了这话，孟母又生气又伤心，她沉思半晌，顺手拿起一把剪刀，冲着刚刚织好的布就剪了下去。

孟子见了，大吃一惊，连忙大叫："母亲！"他不明白母亲为什么要把辛辛苦苦织好的布剪断。他忙拉住母亲的手，问道："母亲，你起早贪黑才织好的布，一下子就剪断了，这不是前功尽弃吗？"

母亲含着泪水对孟子说："你还懂得前功尽弃的道理呀！可是你想想，布断了就再也接不起来了，学习如果不努力就永远学不到真本领，这和断布又有什么两样呢？"

孟子听了母亲的一番话，猛然醒悟。从此，他牢记母亲的教诲，起早贪黑，发愤读书。

一个人的学问再大，如果他的品行恶劣，也很难成为一个对社会有用的人。所以，孟母很注意在日常生活中培养孟子的高尚情操。

有一次，孟子看见邻居在门口的石头上磨刀，准备杀一头小猪。他很好奇，就跑去问母亲："母亲，邻居磨刀干什么呀？"

母亲回答说："他们要杀猪呀！"

孟子又问："杀猪干什么呀？"

母亲此时正忙着干活儿，便笑了笑，随口说："杀猪给你吃啊！"孟子听了，高兴得跳了起来。

可孟母却后悔了，她想：这本来不是给孩子杀的猪，我这样说不是欺骗孩子，教孩子说谎吗？如果孩子学会了说谎，做人不诚实，那么对他今后的人生将会产生多么可怕的影响啊！为了弥补这个疏忽，孟母真的到邻居家买了猪肉，做给孟子吃了。

孟母就是这样一位既有见识又会教育孩子的母亲，所以她成为千百年来中国人教子的典范。

缇萦救父

百男何愦愦，不如一缇萦。

——班固

缇萦是西汉名医淳于意的女儿。她为救父表现出的毅力和勇气，不但使父亲免受肉刑，而且使汉文帝深受感动，因而废除了残酷的刑罚。

古时候，有一种残酷的刑罚叫肉刑。肉刑包括在犯人的脸上刺字、割去鼻子、砍去一只脚等。这种刑罚或在犯人身上留下终生耻辱的记号，或造成终身的残疾。

公元前 167 年，汉文帝亲自颁布了一道废除肉刑的诏令。据说，促成汉文帝采取这一措施的竟是一位名叫缇萦的小姑娘。

缇萦的父亲淳于意是齐国的太仓令，他秉公执法，从不出一丝差错，举国上下一致称赞他是廉洁奉公的好官。缇萦是淳于意最小的女儿，聪明伶俐。她 3 岁就会背诵《三字经》。五六岁时，父亲就请了教头教她武术，她练得了一身好武艺。缇萦倔强好胜，什么事都爱评个理。淳于意十分疼爱这个小女儿。

淳于意从小就喜好医术，崇拜神医扁鹊，他就在管国库的空隙常常给人开药方治病。久而久之，他的医术越来越高明，成了当地著名的医生。

一次，淳于意给一个病入膏肓的人治病，虽然他知道病人已医不好了，但为了安慰这个临死的人，他还是开了几帖药。病人服药后，没过几天就死了。家属认为病人是吃了他的药而死的，便将淳于意告到官府。

淳于意膝下有五个女儿，没有儿子。起解那一天，五个女儿扯着父亲伤心大哭，怎么也不让他走。公差不耐烦了，用棍棒赶她们。淳于意看着五个女儿想救他又束手无策的样子，不由得叹气道："可惜我没有儿子，只有女儿，出了事情就帮不上忙！"

小女儿缇萦听到父亲的叹息，心里非常难过。她止住眼泪，对父亲说："爹爹，女儿愿陪您一起进京。"

缇萦随父亲去长安。一路上，搀扶着父亲，端水送饭，照顾得周到细致。一个从没出过远门的小女子，上千里的路程，脚上磨得都是血泡，却不喊一声痛，把两个押解的公差感动得一再对淳于意说："生儿子还不如生女儿呢！"

到了长安，淳于意被关押在牢房里等待判决。缇萦四处奔走，请求进殿面见文帝。一个百姓，更何况是个女子，皇帝是不可能召见她的。实在没法子，缇萦就上书，托人递交给文帝。缇萦这样写道："我的父亲是您的臣子，在任期间，齐国的人都称赞他廉洁奉公。如今他犯了法，理应判罪。但我悲伤的是人死后就不能复生，受了刑的身体就不能再复原，即便他想改过自新，也不可能了。我愿进官府做奴婢，来赎父亲的肉刑，使他能有机会改过自新。"

汉文帝看到缇萦的上书，深为感动：一个民间的小女子尚能如此深明大义，又如此孝顺父亲，我一个做皇帝的，身为万民之父，他们有过错，我只是用刑罚而不是以德教育他们，真是非常惭愧。

不久汉文帝下诏修改律令，废除肉刑。

卓文君和司马相如

凤兮凤兮归故乡，遨游四海求其凰。

——司马相如《凤求凰》

西汉武帝时，临邛县（今四川邛崃）有个富豪叫卓王孙，他家的奴仆有八百之多，在临邛县赫赫有名。

卓王孙有一个女儿叫卓文君，读诗书，通音律，雍容娴雅。可是卓文君出嫁不久，丈夫便早逝，她不得不回到娘家寡居，寂寞孤单地度日。

这时，一个叫司马相如的文人来到临邛县。他曾经做过梁孝王刘武的宾客，梁孝王去世后，司马相如回到故乡成都。原来他家境也十分殷实，但由于他坐吃山空以及外出游历的花费，渐渐开始衰败。这时他便投奔临邛一个朋友，在他家暂居，这个朋友就是临邛县令王吉。当地富豪听说县令家来了贵客，便商量要设宴款待县令和这位贵客，宴席就设在卓王孙家。这天，卓家高朋满座，热闹非凡。当司马相如进入宴会厅时，在座的宾客都为他的风采所倾倒。

宴会开始，王吉提议："长卿（司马相如，字长卿）先生不仅文章出众，还弹得一手好琴，何不抚琴一曲，以助酒兴？"推辞一番后，在众宾客的一再请求下，司马相如才坐在琴前弹奏了两曲。

"醉翁之意不在酒"，司马相如前来当然不是为了吃饭应酬，而是为了见他朝思暮想的心上人。原来司马相如来临邛后，就听说卓王孙新寡的女儿美丽聪慧，已生爱慕之心，他和王吉一番苦心就是为了通过琴音寻觅知音。但司马相如自忖家道贫困，难以谈迎娶之事，更不知文君的心意如何。司马相如灵机一动，正好借琴声试探文君。他拨弄琴弦，深情地演奏了一曲《凤求凰》：

凤兮凤兮归故乡，
遨游四海求其凰。
时未遇兮无所将，
何悟今兮升斯堂！
有艳淑女在闺房，
室迩人遐毒我肠。
何缘交颈为鸳鸯，
胡颉颃兮共翱翔！
凰兮凰兮从我栖，
得托孳尾永为妃。
交情通意心和谐，
中夜相从知者谁？
双翼俱起翻高飞，
无感我思使余悲。

这时，卓文君也一直偷偷地躲在帘后倾听，隔帘观望，窥见司马相如果然温文尔雅、风流倜傥，爱慕之情油然而生，听到优美动听的琴音更是与之灵犀相通。原来，卓文君对大名鼎鼎的司马相如也早有耳闻，她从别人口中得知其才学过人，风度翩翩。卓文君想到自己目前的境况，唯恐配不上这位风流倜傥的公子。

司马相如毕竟有心，他早已乘席间方便买通了卓文君的丫鬟代为传递消息，再次向卓文君表明情意。卓文君非常激动，又怕父亲不会同意这门亲事。一天夜里，勇敢的卓文君不顾封建礼教的束缚，从家里逃出，来到司马相如的住处，二人趁着夜色结伴到了成都，结为百年之好。

他们连夜来到司马相如的家。司马相如难为情地让卓文君观看，家中除了书以外真的别无长物，卓文君表示不嫌弃，不后悔。他们穷得没有办法，又回到临邛，卖掉车马，买下一家酒店，做起卖酒的小生意来维持生计。卓文君坐在柜台后打酒，司马相如见卓文君“当垆卖酒”一点儿没有小姐的架子，自己也洒脱地换上伙计们穿的粗布衣服，当街洗刷酒器。

卓王孙知道这件事后，气得浑身发抖，自觉脸上无光，羞得从此不出家门。亲友中不少人同情卓文君的遭遇，欣赏司马相如的才华。这时有人劝说卓王孙，说司马相如虽然没钱，但他人品好，有学问，将来必有出头之日。卓王孙迫于无奈，只好周济他们，不但分给卓文君一百多名奴仆，一百万文钱，还将她第一次出嫁的嫁妆一同给予。于是，卓文君和司马相如又回到成都恩恩爱爱地过日子。

寡妇再嫁在那个年代是不被允许的。卓文君冲破封建礼教的束缚，勇敢地追求爱情，真可谓大胆的女性。

后来，司马相如被皇帝召进京城，做了大官。卓王孙还曾对别人说后悔卓文君嫁给司马相如太迟，应该早点儿让他们认识。

另有传说，司马相如后来想纳一个女子为妾，卓文君知道后，写了一首《白头吟》寄给了丈夫，信中除了表白自己的爱情外，还坚决表示：若是司马相如纳妾，将与他一刀两断。司马相如看到这首诗后很感动，便打消了纳妾的念头。从此，司马相如与卓文君恩爱地度过了一生。

宋弘富贵不易妻

贫贱之交不可忘，糟糠之妻不下堂。

——宋弘

宋弘，长安人，汉光武帝时官居大司空，主要职责是掌管监察和执法大权，后又被封为宣平侯，是一个颇有学问而又敢于提意见的人。他性情温良恭顺，品格高尚，重义轻财，非常注重自己的道德修养。

湖阳公主是汉光武帝刘秀的姐姐。当时，湖阳公主的丈夫刚去世，刘秀就想替姐姐再物色一位如意夫君。一天，刘秀跟姐姐在一起谈论起朝廷大臣，想试探公主的意思。当时，朝廷里聚集了一大批贤士，他们当中有不少人是光武帝治国不可缺少的人才。光武帝谈得兴致勃勃，而湖阳公主却微笑不语，她明白弟弟的苦心，但不肯表明自己的态度。不一会儿，光武帝说到了宋弘，这时，公主才启开朱唇轻轻地说："宋公威仪容貌、道德才能真是所有大臣都无法企及的啊！"湖阳公主如此赞赏宋弘，光武帝立即明白了她的意思。他高兴地对公主说："你的意思我明白了，不过宋弘可是有妻子家室的人啊！等有机会我来说服他吧！"

不久，光武帝召见宋弘，并让湖阳公主坐在屏风后面听他们谈话。光武帝笑眯眯地说："爱卿啊，我请你来是有一事要与你商量。"

宋弘忙说：“听陛下吩咐！”

光武帝慢慢地说道：“俗语说‘贵易交，富易妻’，这是合乎人情的吧？”

宋弘想：我还以为皇上有什么重要的事，原来是谈论民间俚语。于是，他答道：“是啊！民间是流传着这种说法。不过也难怪人们要这么说，因为有不少人确实如民谚所言，地位高了就忘记了过去的朋友，钱多了就要抛弃原来的妻子。”

光武帝点了点头，不经意地朝屏风看了一眼，故意隐而不发。宋弘见光武帝那副神秘的样子，心里虽有疑惑，却又不能贸然询问。

光武帝说：“爱卿，你也知道，湖阳公主新近守了寡，一直郁郁寡欢，朕请你前来是想要同你商量一下如何帮公主物色一位如意郎君。”宋弘心想：原来是商量公主的婚事，顿时恍然大悟。他说道：“这事容我想想。”

宋弘沉思片刻，推荐了一位容貌风度俱佳的人，不料光武帝却摇头拒绝。宋弘又推荐了一位德才兼备的人，可光武帝依然摇头。

宋弘问道：“那么依陛下心意是想要选一位什么样的人呢？”

光武帝哈哈大笑起来：“爱卿，你可真是聪明一世，糊涂一时啊，湖阳公主敬重的乃是你宋公啊！”

宋弘一听，忙说：“这怎么能行！我是个有妻子的人，怎么能够娶公主呢？”

光武帝耐心地说：“‘贵易交，富易妻’乃人之常情，你的那位结发妻子与你现在的身份地位已经不相称了，她怎能与公主相比呢？”

宋弘听了，严肃地对光武帝说：“我同样也听说过这样两句话，叫作‘贫贱之交不可忘，糟糠之妻不下堂’，我怎么能因为自己今天有了一点儿地位就把与我共同患难的妻子抛弃，另娶新人呢？这事还请陛下原谅，恕臣不敢从命。”

光武帝听了宋弘一番义正词严的话，联想到他的为人，明白此事不能强求。于是，他冲着屏风说道："看来这事是不会成功的了。"

宋弘的这种贵不忘友、富不易妻的高尚情操永远值得我们学习和敬仰。

梁鸿孟光举案齐眉

> 痛悼阴阳两相隔，难忘举案齐眉情。
>
> ——元稹

东汉时期有个人叫梁鸿，字伯鸾，扶风平陵（今陕西咸阳西北）人。他的父亲曾在王莽篡权时做过官，后客死他乡。父亲去世后，梁家十分贫困，但梁鸿刻苦学习，博览群书。他为人正直，很有志气，说话办事也很讲信用。从太学里读书回来，家乡的许多人家都想把女儿嫁给他，可是都被他谢绝了。

当时同县的孟家有个女儿叫孟光，长得十分丑陋，却很有力气，能举起一盘石臼，而且很勤劳。孟光已经30岁了，仍未出嫁。父母多次请媒人给她说媒，她都不中意，嫌那些有钱人家的少爷太娇气。父母问她："你到底想找个什么样的丈夫呢？"孟光回答："只有像梁鸿那样品德高尚的君子，我才嫁给他。"孟光的话很快传到了梁鸿的耳中。梁鸿也听说过孟光的性格，就托媒聘她为妻。

临嫁前，孟光只向父母要了些布衣布裙、麻编的鞋子和纺织耕作用的工具做嫁妆。出嫁那天，做了新娘的孟光把自己打

扮得漂漂亮亮地进了梁鸿的家。

结婚以后，孟光天天盛装打扮，穿红着绿，服饰非常华丽。不料，婚后一连七天梁鸿没跟她说一句话，孟光问丈夫为什么不理睬她，梁鸿说："我需要一个布衣短裙，能和我一起在深山中过隐居生活的女人。而你现在穿着绸缎衣服，涂着胭脂花粉，这难道是我梁鸿所要的妻子吗？""我不过是想看看先生的志向罢了。我早已准备了隐居时穿的服饰。"孟光说着便卸下头饰，随便挽了个发髻，脱下绸衣，换上布服，里里外外干起活儿来。梁鸿见孟光好像变了一个人，高兴地说："这才是我梁鸿想娶的妻子！"同时，他又给孟光取了个字叫德曜。

婚后不久，孟光对丈夫说："常听先生说想隐居深山避开世间的祸患，可是为什么迟迟不见先生行动呢？该不会是想继续向世俗屈服吧？"梁鸿听妻子这样说，忙道："好吧，我们这就走。"

于是，他们搬到了霸陵（今陕西西安东北）山中，梁鸿耕田，孟光织布，夫妇劳动之余，又吟咏诗书、弹琴，自娱自乐。夫妇互敬互爱，过着无忧无虑的隐居生活。后来二人又出关向东而行，当路过京师洛阳时，梁鸿看到了富丽堂皇的宫殿，想起了百姓的劳苦，无限感慨，写下了著名的《五噫歌》。诗词的大意是：我登上北芒山，回首眺望京城，看那些宫殿多么高大辉煌啊！不由想到多少人为此付出的辛劳。面对漫长的历史，这又有什么意思呢？

梁鸿的名声越来越大。汉章帝想请他出来做官，梁鸿不愿意。为避开朝廷，他改姓运期，易名耀，字侯光，带着妻子搬到了山东地界，二人暂时定居下来。最后，他们又到了江南，住在一个叫皋伯通的大户人家的厢房里，靠替人做雇工维持生活。

虽然生活艰难，但夫妇俩仍相敬如宾。每天，梁鸿外出给人家舂米，孟光便在家中把饭菜准备好，放在托盘里。等丈夫回来坐下后，她把热气腾腾的饭菜举到和眉毛一样高，递到梁鸿的面前。梁鸿笑着接过来，然后同妻子一起高高兴兴地吃饭。有一次，房屋的主人到他们家里来，正好看到孟光举案齐眉的情景，非常惊讶，很赞叹二人互敬互爱的情意。

后来梁鸿闭门著书，因劳累得病亡故。他们这种因为互相敬爱而走到一起，面对挫折而不离不弃的精神值得现代人敬仰。所以，人们称赞夫妻间互敬互爱就用“举案齐眉”来形容。

李密的《陈情表》

读《陈情表》不落泪者，其人必不孝。

——苏轼

李密，字令伯，西晋犍为武阳（今四川彭山）人。他的父亲早亡，母亲改嫁，由祖母刘氏抚养成人。他从小博览群书，对《左传》研究的造诣尤其精深。李密长大后，是个远近闻名的孝子。祖母有病他不敢脱衣，以便随时起来。每次祖母吃药，李密都要亲自尝过，然后再喂给祖母。他有时间就勤读诗书，师从学者谯周，被比之为孔门子游、子夏。

李密青年时代曾在蜀汉任职，官至尚书郎，曾多次出使东吴，因善于辩驳，被吴人称为“蜀中才子”。蜀灭亡后，司马炎为了安抚蜀汉的士族，屡次征召李密为官。李密不愿为西晋王朝效命，便以侍养祖母为由，辞不赴命。不久，朝廷拜他为郎中，又转拜太子洗马。此时，他的祖母已经96岁，他深知如果自己去京城供职，以祖母如今的状况肯定活不长久，于是他又推辞不就。无奈诏书屡下，责备他拖延怠慢，此时如果再不应诏，朝廷也绝不允许，李密深陷两难的处境。

这天夜里，李密早早就服侍祖母吃过药躺下休息。经过多日的深思熟虑，他最终决定上书武帝。他深知晋武帝司马炎向来以武力维持政权，为避免惹来杀身之祸，他采用委婉陈词的方法，借他必须奉养祖母为由，迂回曲折地表达了他不能前去赴任的苦情，并且恳求让他在家侍奉老祖母，暂不赴京应命。

《陈情表》这样写道：“臣自小命运不好，生下来六个月父亲过世，4 岁母亲改嫁，是祖母刘氏可怜臣孤苦弱小，接过家去抚养长大。现在祖母重病缠身，卧床不起。臣本想奉诏赴京，可是祖母已日落西山，气息奄奄，生命垂危，朝不保夕。倘没有祖母，就没有臣的今日；但如果祖母没有臣的照料，亦无以终年。臣祖孙二人就这样相依为命……臣今年四十有四，而祖母已 96 岁高龄，所以臣为陛下尽忠的时间还长，而报答祖母的时间已经很有限了。臣恳求陛下，允准臣奉养祖母到生命最后。”

最后，李密还明确表示如果朝廷让他完成侍养祖母的心愿，他将誓死报答皇帝的恩情。武帝司马炎看到他写的《陈情表》言辞恳切，笔调委婉动人，深受感动，感慨地说：“李密果然是名不虚传！”于是答应了他的请求。

李密这篇《陈情表》，由于情真意切，诚挚感人，成为流传千古的不朽之作。而表中的“茕茕孑立，形影相吊”“日薄西山，气息奄奄”“人命危浅，朝不虑夕”等更成为千古名句，至今仍为人们广泛使用。

杨香打虎救父

老吾老以及人之老，幼吾幼以及人之幼。

——孟子

晋朝时，在沁阳城西南 20 多里的地方，有一座名叫杨香的村庄。

一提起这个村名，人们便想起了杨香打虎救父的故事。

对人来说，老虎是可怕、凶猛的野兽，常常威胁着人的生命，人们常会谈虎色变。但是杨香为救父亲，却敢于与虎搏斗。杨香从小聪明伶俐，勤劳勇敢，礼貌待人。14岁时，杨香就开始在家帮助母亲料理家务，在外随父下地劳作，村里人人都称赞她是一个好孩子。

秋天到了，一年的辛苦劳动到了收获的季节。有一天，杨香提着瓦罐，去地里给父亲杨丰送饭，还没走到地头的时候就远远听见父亲大喊“救命”的声音。杨香赶紧跑过去，见一只猛虎咬住她的父亲在前边跑着，父亲嘶哑的叫喊声已经越来越微弱。小杨香大声向老虎喊道：“把我爹放下！把我爹放下！”只见老虎只用铁棒粗的尾巴扫了一下小杨香，仍然咬着她的父亲向前跑。此时的杨香被老虎的尾巴扫倒在地，见父亲处境如此危险，便不顾一切从地上爬起来跑向老虎，从后面扑到老虎身上，双手用尽全力掐住老虎的脖子。

老虎晃动着脑袋，挥舞着粗尾巴，使劲地甩，却怎么也甩不掉小杨香。老虎又抬起两只前爪，乱踢乱蹬，满天飞舞的土块和碎石子向小杨香扑来，可是她依然紧紧地掐住老虎脖子死不放手。此时的杨香心里只有父亲的安危，根本没有把老虎的威风放在眼里。她使出全身的力气拼命地掐老虎的脖子，直到老虎慢慢松开了口，放下了父亲。为了不让老虎再伤害父亲，小杨香仍然继续用双手死命地掐老虎。终于，老虎元气大泄断了气。小杨香见老虎死了，才赶紧去看父亲。此时的父亲由于被老虎咬伤，加上过度的惊吓，昏死了过去。

“爹！爹！你醒醒！”杨香抱着父亲的头，急切地叫着。一阵清新的山风吹来，老父亲慢慢苏醒了过来。“老虎！老虎！香儿快跑！”父亲惊叫着。“爹！你看，老虎已经死了。”杨香指着死老虎对父亲说。

“谁打死的？”父亲问道。

“还有谁？这里只有我们两个人啊！”

“难道是你打死的？”杨丰满脸疑惑地问。

杨香点点头，把刚才自己怎么抓住老虎的脖子掐它，老虎最后怎么咽了气的情形对父亲详细地讲了一遍。杨丰听了惊叹不已，“真想不到，我闺女这么有胆量，我这个做父亲的真是又高兴又惭愧呀！”“爹，看你说到哪儿去了。”这时杨香才感到全身一点儿力气都没有了。父女俩在山路边稍作休息，便互相搀扶着下山回家了。很快，村子里的人纷纷知道了这件事。听说一个14岁的女孩竟然面对凶猛的老虎毫不示弱，竟有勇气同老虎搏斗，人们都十分惊讶。

后来，人们为了纪念杨香舍身打虎救父的故事，就将她居住的村庄改名为杨香村。

木兰替父从军

雄兔脚扑朔，雌兔眼迷离。双兔傍地走，安能辨我是雄雌。

——《木兰诗》

木兰替父从军的传奇故事出自《乐府诗集》里的《木兰诗》，千百年来一直广为流传。

南北朝时期，政权更替频繁，战火连续不断，广大人民深受战争重创，生活极其不稳定。北魏末年，柔然、契丹等少数民族的势力日渐强大，经常派兵侵扰中原地区。因此，朝廷常常大量征兵，以加强北部边境的驻防。

木兰所生活的村庄也成了被征兵的地方之一。木兰是个女孩子，从小喜欢骑马射箭，练就了一身好武艺。有一天，官衙里派人给他们家送来一份文书，说边关发生了战争，朝廷要召集大批士兵去打仗，木兰家必须派一个人前去。这时，十几岁的木兰像往常一样坐在织布机前准备织布，听到这个消息，她心事重重。一家人陷入了苦恼之中，父亲叹息，母亲哭泣，长姐愁眉紧锁，小弟年幼无知。

木兰坐在织布机前，心想：父亲年纪那么大了，怎么能去当兵打仗呢？而弟弟又还年幼，更不能去啊……木兰思来想去，决定女扮男装，代替父亲去参军。尽管父母很舍不得女儿出征，但是又没有别的好办法，再加上木兰主意已定，他们只好同意了。木兰说干就干，她到集市上买了一匹骏马，给马配上了马鞍、笼头，又买了一根马鞭子，自己选了一套合适的男装。一切准备就绪，第二天她就出发了。

木兰翻山越岭，长途跋涉。到达战地后，立即投入了战斗。尽管是个女儿家，但是木兰从来不叫苦叫累，她和男子一样，关山飞度，疆场拼杀。因为担心自己女扮男装的秘密被别人发现，她总是处处小心。白天行军的时候，她精神高度集中，紧紧地跟着队伍，从来不掉队。夜晚宿营的时候，她也从来不敢脱衣服。到了作战的时候，她凭着一身好武艺总是冲杀在前。由于木兰英勇善战，屡建战功，成为一名远近闻名的英雄，先后受到多次记功表彰。

战争平息后，木兰从战地返回，皇帝召见了她。当皇帝准备重赏木兰，打算让她担任朝廷的官职时，木兰拒绝了。因为木兰既没有做官的愿望，也不想要任何财物，她唯一的愿望就是让自己的家人幸福安康。木兰只希望得到一匹快马，好让她立刻回家，去见见自己的家人，看他们是否安好。皇上被木兰的孝心感动了，他不再强留，答应了木兰的请求。

木兰就要归来的消息传到故乡后，年老的爹娘高兴极了。他们思女心切，天天互相搀扶着在城外相迎。姐姐听说妹妹要回来，忙穿上了新衣服。弟弟听说姐姐要回来了，忙着杀猪宰羊。全家沉浸在一片欢乐之中。

回家后，木兰脱下战袍，换上女装，对着镜子梳妆打扮，一位活脱脱的美丽女子出现在众人面前。当她走出来向护送她回家的同伴们道谢的时候，同伴们都惊呆了，原来木兰竟是女儿身。

徐勉：以清白遗子孙

> 人遗子孙以财，我遗之以清白。子孙才也，则自致辎軿；如其无才，终为他有。
>
> ——《梁书·徐勉传》

徐勉，字修仁，东海郯人，南朝梁政治家。徐勉少时孤贫，但注重名节。及长好学，为同宗之人、吏部尚书徐孝嗣称道。

徐勉 18 岁被召为国子生，便下帷专学，精力充沛，同辈们肃而敬之。起初任临海王西中郎田曹行参军，不久转任都曹。梁武帝萧衍即位，拜徐勉为中书侍郎，进领中书通事舍人，直内省，后调任临川王后军谘议、尚书左丞。梁天监三年（公元 504 年），徐勉任给事黄门侍郎、尚书吏部郎，升侍中。此时的梁朝建立不久，梁武帝又兴师北伐，朝中政务军务十分繁忙。这时徐勉虽然已是吏部的重要官员之一，但因为他极有文才，为了不延误军机，于是梁武帝让他“参掌军书”。

徐勉本来就是一个十分勤勉的人，工作本身也确实繁忙，因此往往要隔几十天才能回一次家。他家养了一群狗，因为他回来得少，这些狗都不认得自己的主人了。他每次回来，都要引起它们的狂吠，完全把他当作陌生人。徐勉既感到好笑，又觉得无奈。有一次，他感叹说：“吾忧国忘家，乃至于此。若吾亡后，亦是传中一事。”

后一句的意思是说："我死了以后，如果有人写我的传记，群犬惊吠倒是件值得一记的轶事。"

天监六年（507年），徐勉升任吏部尚书。吏部是古代六部之首，其主官便是尚书。徐勉居选官，彝伦有序。既精通尺牍，兼善辞令，虽文案填积，坐客充满，应对如流，手不停笔。徐勉虽手掌人事大权，但是面对伸手要官的现象，他一律拒绝。

有一个叫虞暠的人，仗着和徐勉的关系比较好，有一次狮子大开口，一次便"求詹事五官"。徐勉正色道："今夕只可谈风月，不宜及公事。"虞暠讨了个没趣，只得讪讪地告辞了。史载："勉居选官，彝伦有序"，"故时人咸服其无私"。

徐勉后为左卫将军，领太子中庶子，侍东宫。当时昭明太子年纪尚幼，受到徐勉教诲，对他非常敬重，遇事常向他请教。徐勉而后为太子詹事（官名），又升任尚书右仆射兼詹事。不久又授尚书仆射、中卫将军。徐勉越升高位，越是尽心，知无不为。

"三年清知府，十万雪花银"，这是对古代官吏皆贪财的生动写照。其实，古代的贪官虽说比比皆是，但廉吏也不乏其人。徐勉虽居显位，却不营产业，家无蓄积，俸禄分赡亲族之穷乏者，是一个有名的清官。

看到他家如此清贫，一些好心人便劝他经营产业，为子孙后代着想。但是徐勉回答道："人遗子孙以财，我遗之以清白。子孙才也，则自致辎軿（都是古代的车名，此处连用意为家产）；如其不才，终为他有。"

"遗子孙以清白"这一思想绝非徐勉一时的即兴之言，而是发自内心的真诚表露。在他给儿子徐崧的一封家书中，足以证明这一点。他在这封《诫子书》中说："吾家本清廉，故常居贫素，至于产业之事，所未尝言，非直不经营而已。古人所谓'以清白遗子孙，不亦厚乎'，又云'遗子黄金满籯，不如一经'。详求此言，信非徒语。吾虽不敏，实有本志，庶得遵奉斯义，不敢坠失。今且望汝全吾此志，则无所恨矣。”大意是说：我家本来就清廉，因此常常过着贫穷素朴的生活。至于产业的事情，不但从来没有经营过，也从未谈起过。古人所说“将清白遗留给子孙，不也是很丰厚的遗产吗”，古人又说“留给子孙满箱黄金，不如传给他们一部经书”。详细探求这些话，确实不是虚妄之词。我虽然不聪敏，但是有这样的志向，希望能够遵循、奉行古人这个教诲，从不敢堕落失误。希望你能够理解和体察我的志向，我也就没有什么遗憾和失望的了。

陈朝吏部尚书姚察说：“徐勉少而励志忘食，发愤修身，慎言行，择交游；及居重任，竭诚事主，动师古始，依则先王，提衡端轨，物无异议，为梁宗臣，盛矣。”《资治通鉴》上也说梁朝称得上贤相的只有范云和徐勉二人。

兰陵公主患难见真情

兰陵主质迈寒松，南阳主心逾匪石、洗媪孝女之忠壮。

——《隋书》

兰陵公主，小名叫阿五，是隋文帝的第五个女儿。公主姿色秀丽，仪容端庄，个性温柔和顺，而且喜好读书，因此隋文帝十分钟爱她。阿五到了 18 岁，越长越漂亮，父亲望着美丽的女儿，问道：“你该选驸马了！你想选一个什么样的人做丈夫呢？”

“请父王替我选个人品好、有才干的年轻人吧！”阿五回答。

于是，隋文帝替她选了官居仪同的王奉孝为驸马。然而不幸的是，在婚后不久，王奉孝便因病去世了。随后，隋文帝将兰陵公主嫁给故人之子柳述。起初公主新寡时，晋王杨广想将公主嫁给萧妃的弟弟萧玚，而文帝也答应了，后来却又让公主嫁给柳述，杨广因此不悦。

公主嫁到柳家，柳述一家人当然十分高兴。但是他们也担心公主作为帝王家的女儿过不惯普通百姓家的生活，而且听说兰陵公主的几个姐姐嫁人后都因身份高贵而傲慢无礼，不知道兰陵公主的性情脾气怎样。

然而，兰陵公主嫁到柳家后，她的行为举止完全出乎柳家人的意料。她在夫家恪守妇道，侍奉公婆相当谨慎，对丈夫温柔体贴，小夫妻情投意合。若公婆生病，她不要陪送来的宫女伺候，亲自侍奉，像亲生女儿一样体贴入微。婚后，柳述和公主恩恩爱爱，有说有笑，亲密无间。文帝听说此事也很高兴，柳述因此得到文帝的宠信与礼遇。柳述从此也更忠于国家，更关心朝廷的大事。

晋王杨广心术不正，野心勃勃，勾结朝中奸臣，设计废掉了太子和蜀王，自己当了太子。杨广原先就对兰陵公主嫁给柳述心怀不满，何况柳述又深得隋文帝信任，不愿投靠他，这更令杨广深恶痛绝。

文帝暴死后，杨广继位，即隋炀帝。杨广当上皇帝就把柳述流放到遥远的南方，并命令兰陵公主与柳述离婚，改嫁他人。公主以死自誓，不再朝见炀帝，并上表请求废除公主的封号，希望与柳述一同被流放。

炀帝大怒道："天下难道再没有别的男子了吗？你竟然想跟着柳述去过流放生活！你是公主啊，怎么能跟一个流放的罪臣做夫妻呢？"

"那么，就请免去我的公主称号吧！我作为一个民妇，愿意与丈夫有罪同当，有刑同受，一起被流放。这总可以吧？"说完拜伏在地，向炀帝哀哀求情，"请陛下成全我吧！"

而炀帝却生气地站起来，大吼一声："不行！"便扬长而去。

公主只好回到自己的寝宫。她独自一人思念着孤单单地离妻别母远涉千山万水的丈夫，心中充满忧虑。她想起如此不讲理的皇兄，残酷地拒绝了自己的苦苦哀求，破坏自己的美满家庭，胸中气愤难平。于是，她一天天憔悴，一天天消瘦，终于一病不起。她知道自己将不久于人世，临死前上表："昔共姜自誓，著美前诗，郎妫不言，传芳往诰。妾虽负罪，窃慕古人。生既不得从夫，死乞葬于柳氏。"她诉说了自己和柳述难以割舍的爱情，言辞哀切，还要求看在兄妹情义上，生不能同丈夫一起共患难，死后让自己埋葬在柳家的坟茔里。炀帝读完后更加愤怒，对于公主之死竟然毫不哀伤，并下令把她草草葬在洪渎川，朝野都为公主的遭遇感到悲伤。

兰陵公主的事迹，在她死后广为流传，受到世人的赞誉。后来有史官评价道："兰陵主质迈寒松，南阳主心逾匪石、洗媪孝女之忠壮，崔、冯二母之诚恳，足使义勇惭其志烈，兰玉谢其贞芳。"

陆游乐贫

历览前贤国与家，成由勤俭破由奢。

——李商隐

陆游，字务观，号放翁，越州山阴（今浙江绍兴）人，南宋诗人。

陆游在 29 岁时考中进士，因为名列秦桧的孙子秦埙之前，所以被秦桧排挤。以后虽然入仕做官，但仕途一直不顺。他的爱国和爱民主张，一直得不到昏庸的孝宗和光宗的支持。

南宋统治集团偏安江南后，整日沉湎于风花雪月、歌舞酒乐中。陆游向光宗上书，要求为民减税和加强备战。这份上书触怒了光宗，立即以"吟咏专嘲风月"的罪名，罢了陆游的官。

面对朝廷的腐败，陆游已经心灰意冷了。回到家乡山阴，他索性以"风月轩"命名自己的书房，以示对腐败的南宋小朝廷的蔑视。从此，山阴三山村的田塍上，多了一个荷锄老汉的身影。陆游一家和当地的农民一样，每天日出而作，日落而息，吃的是蔬菜杂粮，过着贫苦的生活。有时候，一年也吃不到一回肉。

在京城当了四十多年官，村里人以为陆游一定家财万贯。可日子久了，乡亲们才知道他有的只是万卷书，别无他物。邻里乡亲见陆游已经七十多岁还下地干活儿，日子过得清苦，于是他们时不时地给他送些米送条鱼来。陆游诗集中就有记载："行年七十尚携锄，贫悴还如白纻初。好事邻僧勤送米，过门溪友强留鱼。"

但是,农民们自己的日子也不好过。日晒雨淋,辛辛苦苦干一年，到了收获的时候，官府就来逼租税。有的因交不清税，被抓进县衙拷打。陆游曾在诗中写道："门前谁剥啄，县吏征租声。一身入县庭，日夜穷笞搒。"遇到自然灾害，就更是苦不堪言，"太息贫家似破船，不容一夕得安眠。春忧水潦秋防旱，左右枝梧且过年"。这一切，陆游看在眼里，痛在心里，都一一写进了诗里。每天，他将所见所闻所想所感都在诗中畅述。

陆游到了 85 岁，身体越来越虚弱，他知道自己在世的日子不多了。一天，他把儿孙们叫到身边说："我向来不愿对别人诉说自己的贫穷，所以知道的人很少。现在，我活在世上的日子不多了。我死后，连买棺材的钱也没有。你们千万不要去麻烦亲戚朋友，只要将我入土就成。更不能以我为借口向别人借钱，以作他用。"儿孙们含着泪答应了老人的请求。

有一年，时任山阴知府兼浙东安抚使的辛弃疾来看望陆游，他以为 80 岁的老人一定坐在家里看看书写写诗享清福呢，却不料在进村的田塍上碰见了披蓑携锄的陆游，真是大吃一惊。两人相携着到了陆游的家。几间破房，屋里没有任何摆设，只有一屋子的书。看到这一切，辛弃疾非常感动，感慨地说："想不到您这位当朝大诗人，竟住着如此破旧的房子，真让人于心不安。让我为您造几间屋建一个园林吧！"没想到，陆游执意谢绝了他的好意。

陆游去世后，留给子孙的财产只有几间破屋和一头老牛，“破屋已斜犹可住，老牛虽瘠尚能耕”。除此之外，还有一笔无法计算的精神财富：九千多首诗词，留给了子孙后代，留给了我们每个人。

王原千里寻父

谁言寸草心，报得三春晖。

——孟郊

明朝时，有一位孤苦的少年，名叫王原。王原很小的时候父亲已离家而去，那时小王原还不懂事。后来，王原一天天长大了，看到小伙伴们爹爹长爹爹短地叫着，心里很羡慕。

有一天，王原忍不住问母亲：“娘你快告诉我，别人都有爹爹，我怎么没有啊？”

娘听着儿子呼喊着要爹，眼泪禁不住流了下来，伤心地对王原说：“孩子，你也有父亲，只因为家里太穷，忍受不了沉重的租役，才不得已逃避在外，至今已经十多年了，也不知道如今流落在什么地方。”

王原听后，禁不住悲伤地痛哭起来，立志一定要找到父亲。可是，母亲年纪大了，家里没有其他人照顾，他又怎能为了出去寻找父亲而丢下母亲不管呢？王原想了一个办法，他在大路口设了一个饮食摊，卖些食品给过往的行人。每当有远方的客人从这儿经过，王原便把父亲的姓名、年龄、相貌等讲给行人听，以此打听父亲的下落。可是，许多天过去了，连一点儿线索也没有打听到，王原心里别提有多难过了。

后来，王原娶了妻子。他想，这就好了，有妻子在家陪伴母亲，我就可以放心地外出寻父了。结婚一个多月后，王原跪在母亲跟前，恳求道："儿要辞别母亲，去寻找父亲，望您答应了儿子吧！"母亲见王原去意已决，就同意了。

王原先在家乡山东境内寻找。可是，几年过去了，找遍了山东的南北各地一无所获。

一天，王原渡过大海，来到田横岛，借宿在一座祭神的祠堂中。睡梦里，他来到一座寺庙，正是中午时分，他觉得肚子饿了，便烧了些莎草和肉羹充饥，正吃得津津有味，不料被人从梦中推醒。王原揉了揉眼睛，看见一位老人，便向老人诉说了刚才的梦境，求老人给占卜。

老人爽快地答应了，问道："你要算什么呢？""寻父。"王原答道。

老人用手捋着花白的胡须，略一沉思，而后说道："中午代表了正南方位，莎的茎块叫附子，切细的肉叫脍，附子与肉一起烧成羹……"老人说到这里，脸上露出了笑容，他对王原说道："南方有许多寺院，你到那里去找找看，说不定你们父子就能相会了。"王原听罢老人的话，觉得有理，便谢别老人，往南方寻父去了。

王原一路向南方寻去。冬天的一个傍晚，他来到了半山腰上的一座小寺庙前。王原走近一看，只见庙门上方写着"梦觉寺"三个大字，马上想起自己在田横岛上的梦境，不觉心里一动，连忙上前叩门。

一个年轻的和尚出来开门，上前盘问："你是什么人？来此有何贵干？"王原说："我是文安人，为寻父而来。"

俗话说，"精诚所至，金石为开"。老天爷也喜欢帮助有情有义的人，并悄悄为他做好了安排。王原的父亲王珣恰巧就是这家寺院的和尚。年轻的和尚知道这个老和尚也是文安人，便走过去对老和尚说："你的家乡有一位少年出来寻找父亲，你出去看一下，说不定你还认识他的父亲呢！"于是，王珣出来与王原相见。

王珣亲切地拉着王原的手问道：“你父亲叫什么名字啊？”王原回答说：“叫王珣。”

王珣一听，惊呆了，莫非这是原儿吗？于是便试探着叫了一声：“原儿。”

王原吃惊地瞪大了眼睛，看着王珣，答应了一声。王珣立刻热泪盈眶，说道：“原儿，我就是你要找的亲生父亲啊！”说完，抱着儿子大哭起来。王原历尽千辛万苦，意外地找到了父亲，一时间悲喜交加，也紧紧地抱着父亲，号啕不止。

寺里的和尚目睹此情此景，都深深地被感动了。哭了好长时间，王珣对儿子说：“回去告诉你母亲，就说我没有脸面回去见她了。”

王原死也不答应：“父亲如不回去，儿子只有死在这儿了。”说着，拉着父亲的衣服又大哭起来。僧人们都来劝说王珣，看在儿子一片孝心上，还是一同回去吧！王珣这才回心转意，跟着儿子回到故乡，全家终于团聚。王原不辞辛苦，千里寻父，一时间被传为佳话，并被史家记载在史册上。

第三章 治国

屈原投江

路漫漫其修远兮，吾将上下而求索。

——屈原

屈原名平，字原；又自云名正则，字灵均。大约在公元前340年，屈原出生在楚国的一个贵族家庭里。他少年有为，踏入仕途不久，便受到楚怀王的赏识，担任左徒一职，常与怀王商议国是，参与法律的制定。同时，屈原也主持外交事务，主张楚国与齐国联合，共同抗衡秦国。在屈原的努力下，楚国国力有所增强。但由于性格耿直，加之他人谗言、排挤，屈原逐渐被楚怀王疏远，他所坚持的政治主张始终不能实现，甚至他本人

被削职流放。

怀王十六年（公元前313年），屈原被逐出郢都，流落到汉北。流放期间，屈原感到心中郁闷，进行了大量的文学创作，作品中洋溢着他对楚地楚风的眷恋和为民报国的热情。

日子过得很快，十几年过去了，屈原还没有得到楚怀王召他回去的消息。他忧虑国家的前途，夜里常常睡不着觉，偶尔睡着了，梦里回到了郢都，可是醒来仍旧是一场空。他想借山川景物来排解忧愁，结果反而更加伤心：楚国的政治这么腐败，这秀丽的河山总有一天会成了秦国的土地。

有一个朋友来看屈原，劝他说："你已经被革了职，回去也做不了什么。现在楚王不用你，你为什么不到别的国家去呢！你这样有才学，不论到哪一国，还怕他们不重用你？何必留在楚国受这份罪呢！"屈原却说："一个人难道可以为了自己的富贵扔了父母之邦、扔了家乡吗？"那个朋友说："话不是这么说的。现在是楚王不用你，又不是你不肯为楚国出力。你把自己的才华埋没了，多可惜！"屈原摇摇头说："鸟飞倦了，想回到自己的老枝上去歇息；狐狸死了，头还向着狐穴所在的土山。我不能离开楚国。"

之后屈原虽被召返，却仍得不到怀王的信任。怀王三十年（公元前299年），楚怀王不听屈原劝阻，执意入秦，后被秦国扣留，客死他乡。继位的楚顷襄王昏庸无道，听信令尹子兰的谗言，再次驱逐屈原。屈原从此流落在今湖南沅水、湘水一带。

顷襄王二十一年（公元前 278 年），秦国大将白起挥兵南下，攻破了郢都。屈原在绝望和悲愤之下，来到汨罗江边，怀抱一块石头，纵身投入江里自尽了。

渔民和附近的庄稼人得到这个信儿后，赶紧划着小船去救屈原。他们在汨罗江上捞了半天，也没找到屈原。渔民很难受，对着江面祭祀了一会儿，把竹筒子里的米饭撒在水里，希望江里的鱼虾吃了这些米饭以后，就不会啃食屈原的遗体了。到了第二年五月初五那一天，大伙儿想起这是屈原的忌日，又划着船，用竹筒子盛上米饭撒到水里去祭祀他。后来，人们把米饭改成粽子，把划小船改为赛龙舟，把五月初五称为端午节，也叫端阳节。

吃粽子和赛龙舟后来逐渐成为一种节日习俗，传遍了全中国，甚至还传到了朝鲜、日本及东南亚各国。每年的农历五月初五为端午节，人们吃粽子、赛龙舟，以纪念这位伟大的爱国诗人。

祁黄羊外举不避仇，内举不避亲

君子之称美祁奚，既取自孔子，又取于叔向也。

——《左氏》

祁奚，字黄羊，食邑于祁（今山西祁县东南），春秋时晋国大夫。晋厉公八年（公元前 573 年）任中军尉。祁奚在位约 60 年，为四朝元老。他公忠体国，急公好义，誉满朝野，深受人们爱戴。

春秋时期，晋国自从晋文公称霸，辉煌过一阵子之后，便开始衰落下来，国君频频更替，内乱不断。公子周（即晋悼公）被大臣扶上君位时，年仅 14 岁。

晋悼公虽然年轻，却有治乱称霸的决心。即位之后，他开始着手整治内政，辞退了一些不称职的大臣，把一些真正德才兼备的人提拔到重要岗位上，恢复了文公时代的一些旧体制，施行仁政。不久，晋国渐渐安定下来。

晋悼公三年（公元前570年）的一天，悼公召大臣们进宫议事。当议事就要结束时，有一位老臣吃力地站了起来。他就是在朝中担任中军尉的祁奚。祁奚向悼公禀告说："年轻的国君啊，老臣多想继续辅佐您呀！可是我日渐年老体弱，处理朝中事务很吃力。请求国君批准我告老还乡，让有能力的人接替我的职位吧！"

晋悼公很想留用祁奚，但看着祁奚日渐衰弱的身体，不禁犯愁地说："现在正是国家用人的时候，你若退职，又有谁能接替你的位子呢？"

祁奚见悼公没有反对，便胸有成竹地说："国君请放心，这事老臣早想好了。解狐为人正直，办事又精明能干，他完全能胜任我的职务。"

晋悼公很惊讶，不解地问道："你不是在跟我开玩笑吧？解狐不是你的仇人吗？你怎么推荐自己的仇人？"

祁奚语重心长地说："我推荐的是适合做中军尉的人，怎么能考虑谁是我的恩人，谁是我的仇人呢？只要他对国家有用，能为国家出力，即使是我的仇人，又有什么关系呢？"

晋悼公赞赏地点了点头，问众大臣："由解狐担任中军尉，你们觉得怎么样？"

众大臣纷纷说："解狐担任中军尉，没有人比他更合适了。"

"好。"晋悼公下令道，"任命解狐为中军尉。"

解狐担任中军尉后，果然勤勤恳恳，做事公道，上任没多久就为国为民做了不少好事，得到朝野上下的一致好评。可不幸的是，解狐突然生病去世了。

晋悼公又犯愁了，他派人把祁奚请来，跟祁奚商量：“解狐担任中军尉很称职，可惜他突然病死了。你看还有谁担任中军尉合适呢？”

祁奚也听说了解狐去世的消息，这时见悼公问他，便不假思索地说：“祁午从小稳重好学，才德具备，他可以胜任。”

晋悼公奇怪地说：“祁午不是你的儿子吗？”

祁奚严肃地说：“国君啊，您是问我谁可以接替中军尉，可没有问我的儿子是谁呀！只要能担当起中军尉的职务，这跟他是不是我的儿子有什么关系呢？”

晋悼公听了开怀大笑，对左右大臣说道：“祁奚真是个不存私心的人啊！解狐是他的仇人，祁午是他的儿子，一个仇人，一个儿子，都被他举为贤才，真是了不起啊！”

大臣们也都赞美祁奚，说他真是光明磊落、公正无私的君子。

晋文公退避三舍

跋山涉水找同盟，乐居齐都美丽城。赏送齐姜侍重耳，风情万种想国兴。龙游浅水遭虾戏，半生流离半生漂。他年若遂凌云志，三舍以避报君恩。

——夏广治

晋文公名重耳，春秋时晋国国君，献公之子，公元前636—前628年在位。因献公立幼子奚齐为太子，重耳曾出奔在外19年，后由秦送回。

为了能够成为像齐桓公那样的中原霸主，晋文公即位以后，整顿内政，发展生产，晋国渐渐强盛起来。

后来，周朝天子周襄王的异母兄弟太叔带，联合了一些大臣向狄国借兵，夺了王位。周襄王派人向晋文公讨救兵。晋文公马上发兵往东打过去，把狄人打败，杀了太叔带和一群帮凶，护送天子回到京城。

过了两年，又有宋襄公的儿子宋成公来晋国讨救兵，说楚国派大将成得臣率领楚、陈、蔡、郑、许五国兵马攻打宋国。大臣们都说："楚国老是欺负中原诸侯，主公要扶助有困难的国家建立霸业，此时正是时候。"

晋文公早就看出，要当上中原霸主，就得打败楚国。他积极备战，亲率大军，浩浩荡荡去救宋国。

公元前 632 年，晋军打下了归附楚国的曹国和卫国，并把两国国君都俘虏了。

楚成王本来并不想同晋文公交战，听到晋国出兵，立刻派人传令叫成得臣退兵。可是成得臣不肯半途而废，他派部将去对楚成王说："我虽然不敢说一定打胜仗，但也要拼一个死活。"

成得臣先派人通知晋军，要他们释放卫、曹两国国君。但是卫、曹两国国君已被晋文公收买，与楚国断交。成得臣得知此事后，气得双脚直跳，立即下令，催动全军赶到晋军驻扎的地方去。

楚军一进攻，晋文公就立刻命令军队往后撤。晋军中有些将士不能理解，问："我们的统帅是国君，对方带兵的是臣子，哪有国君让臣子的理儿？"

狐偃（晋国国卿）解释说："打仗先要凭个理，理直气就壮。当初楚王曾经帮助过主公，主公在楚王面前答应过：要是两国交战，晋国情愿"退避三舍"。今天后撤，就是为了实现这个诺言啊！要是我们对楚国失了信，那么我们就理亏了。我们退了兵，如果他们还不罢休，步步紧逼，那就是他们输了理，我们再跟他们交手也不迟。"

晋军一口气后撤了 90 里，到了城濮（今山东鄄城西南），才停下来，布置好了阵势。

楚国有些将军见晋军后撤，想停止进攻。可是成得臣却不答应，追到城濮，跟晋军遥遥相对。

成得臣还派人向晋文公下战书，措辞十分傲慢。晋文公派人回答说："贵国的恩惠，我们从来都不敢忘记，所以退让到这儿。现在既然你们不肯谅解，那么只好在战场上比个高低啦。"

成得臣一向骄傲自大，不把晋人放在眼里，带兵直追上去，正中了晋军的埋伏。晋军的中军精锐，猛冲过来，把成得臣的军队拦腰切断。原来假装败退的晋军回过头来，前后夹击，把楚军杀得七零八落。

晋文公连忙下令：将士们只要把楚军赶跑就是了，不再追杀。成得臣带着败兵残将撤退，自己觉得没法向楚成王交代，就自杀了。

晋军占领了楚国营地，凯旋回国。

晋国打败楚国的消息传到周都洛邑，周襄王和大臣们都认为晋文公立了大功。周襄王还亲自到践土慰劳晋军。晋文公趁此机会，在践土给天子造了一座新宫，还约了各国诸侯举行会盟。就这样，晋文公当上了中原的霸主。

勾践卧薪尝胆

苦心人，天不负，卧薪尝胆，三千越甲可吞吴。

——蒲松龄

勾践，春秋时期越国国君，越王允常之子。勾践曾败于吴王夫差，屈服求和，后卧薪尝胆，发愤图强，终转弱为强，于公元前473年灭掉吴国。

公元前496年，吴王阖闾派兵攻打越国，被越王勾践打得大败，阖闾也受了重伤，临死前嘱咐儿子夫差要替他报仇。夫差牢记父亲的话，日夜加紧练兵，准备攻打越国。

过了两年，夫差率兵大败勾践。勾践被包围，无路可走，准备自杀。这时谋臣文种劝住了他，说："吴国大臣伯嚭贪财好色，可以派人去贿赂他。"勾践听从了文种的建议，就派他带着珍宝贿赂伯嚭。伯嚭答应和文种去见吴王。

文种见了吴王，献上珍宝，说："越王愿意投降，做您的臣下伺候您，请您饶恕他。"伯嚭也在一旁帮文种说话。吴国大将伍子胥站出来大声反对道："人常说'治病要除根'，勾践深谋远虑，文种、范蠡精明强干，这次放了他们，他们回去后就会想办法报仇！"这时的夫差以为越国已经不足为患，不听伍子胥的劝告，答应了越国的投降，把军队撤回了吴国。

吴国撤兵后，勾践带着妻子和大夫范蠡到吴国伺候吴王，放牛牧羊，终于赢得了吴王的欢心和信任。3年后，他们被释放回国了。

勾践回国后，立志发愤图强，准备复仇。他怕自己贪图舒适的生活，消磨了报仇的志气，晚上就枕着兵器，睡在稻草堆上。他还在屋子里挂上一只苦胆，每天早上起来后就尝尝苦胆，并命令门外的士兵每天早上大声质问他："你忘了三年前的耻辱了吗？"他派文种管理国家政事，派范蠡管理军事，并亲自到田里与农夫一起干活儿，妻子也纺线织布。勾践的这些举动感动了越国上下，经过10年的艰苦奋斗，越国终于

兵精粮足，转弱为强。

与此同时，吴王夫差盲目争霸，丝毫不考虑百姓疾苦。他还听信伯嚭的坏话，杀了忠臣伍子胥。虽然夫差最终称霸于诸侯，但这时的吴国只是表面强大，实际已经走下坡路了。

公元前482年，夫差亲自带领大军北上，与晋国争夺诸侯盟主。越王勾践趁吴国精兵在外，发起突袭，一举打败吴兵，杀了太子友。夫差听到这个消息后，急忙带兵回国，并派人向勾践求和。勾践估计一下子灭不了吴国，就同意了。公元前473年，勾践第二次亲自带兵攻打吴国。这时的吴国已经是强弩之末，根本抵挡不住越国军队，屡战屡败。最后，夫差又派人向勾践求和，范蠡坚决主张灭掉吴国。夫差见求和不成，才后悔当年没有听伍子胥的忠告，最后拔剑自杀了。

孙叔敖清正为民

> 孙叔敖为楚令尹，一国吏民皆来贺。有一老父衣粗衣，冠白冠，后来吊。孙叔敖正衣冠而见之，谓老父曰："楚王不知臣之不肖，使臣受吏民之垢，人尽来贺，子独后来吊，岂有说乎？"父曰："有说：身已贵而骄人者民去之，位已高而擅权者君恶之，禄已厚而不知足者患处之。"孙叔敖再拜曰："敬受命！愿闻余教！"父曰："位已高而意益下，官益大而心益小，禄已厚而慎不敢取。君谨守此三者，足以治楚矣！"
>
> ——《说苑·敬慎》

孙叔敖，春秋时楚国人，名敖，字孙叔，一字艾猎。公元前601年，出任楚国令尹，辅佐楚庄王施教导民，宽刑缓政，发展经济，政绩赫然。他还主持兴修了芍陂（今安徽寿县安丰塘），改善了农业生产条件，增强了国力。司马迁《史记·循吏列传》列其为第一人。

孙叔敖处处以国家的利益和百姓的利益为重，过着清廉俭朴的生活。他带领人民兴修水利，为国家的强盛出谋划策，每施行一条新法规，都要按照一定的情理，使老百姓能够接受认可。因此，他在任期间，全国上下政治安定，人们各得其所，安居乐业，和睦相处。

有一次，楚庄王突发奇想，对孙叔敖说：“我看现在通用的钱币太轻了，这怎么能体现我们楚国的强大呢？应该把小的钱币都换成大的，那多体面啊！你给我下一道诏书，把现在的小钱统统都换掉。”

孙叔敖担心地说：“国君！现在的钱币虽轻，但老百姓使用起来方便，如果都换成大钱，恐怕行不通吧？”可庄王一意孤行，不听劝告，还是让孙叔敖下令改换钱币。

更换钱币的诏令颁布5天后，孙叔敖带着几名官员侍从亲自去集市察访。孙叔敖见到有些店家大门紧闭，有些店家虽然开着门，但光顾的人很少，过去的一些流动摊贩大都不见了。孙叔敖见此情景，心里很难过。

回宫后，孙叔敖立即面见庄王。他对庄王说：“大王啊！今天我到集市察访，集市的行情很不好啊！管理员说，‘自从小钱都换成大钱以后，集市上的秩序就不如以前了，做生意的人少了许多，如果再这样下去，集市就要不存在了’。大王，如果我们不顾实际情况，一味推行新币制，不考虑它给老百姓带来的困难，那么，百姓不能安居乐业，生活得不到保障，国家就会大乱呀！恳请您下诏恢复使用原先的旧币吧！”

庄王也是个通情达理的人，听说换的新币给老百姓带来不便，引起市场混乱，唯恐这样下去会威胁到国家的安全，于是对孙叔敖说：“你说得有理，那就下令恢复使用旧币吧！”

孙叔敖得到庄王许可，立即颁布诏令。三日之后，集市又重新出现了繁荣热闹的景象。

孙叔敖当了令尹这么大的官，却没有给他的后代留下什么财富。他临终前对儿子说：“我死后，你一定会很穷，如果你有难处就去找优孟，他一定会帮助你的。”

几年后，孙叔敖的儿子果然穷得没法生活，只得去找优孟帮助。优孟是当时著名的宫廷演员，他看到孙叔敖的儿子贫穷的样子，深表同情，于是想出了一个好办法。他仿制了孙叔敖的衣帽，模仿孙叔敖说话的声音、神态和走路的姿势、动作，经过一年的揣摩，扮得跟孙叔敖一模一样了。在一次酒宴上，他故意上前给楚庄王敬酒，楚庄王一看怔住了，以为孙叔敖复活了，硬要他担任令尹不可。优孟连声拒绝，并说道：“楚国的令尹做不得，孙叔敖那样为楚国尽心尽力，使楚国能够称霸，可死后他的儿子却穷得只能靠打柴糊口……”

楚庄王听到这儿，仔细一看，才发觉他不是孙叔敖。优孟接着唱起了凄楚动人的歌，在歌中赞颂了孙叔敖生前为国为民、清正廉明的事迹，述说了孙叔敖死后他的妻儿凄苦贫穷的生活。在座的人无不为之动容。

楚庄王也深受感动，下诏封给孙叔敖的儿子一块土地，并且可以世代相袭，这样孙叔敖的儿子才摆脱了贫困。

司马穰苴执法如山

天下虽安，忘战必危。

——《司马法》

司马穰苴，田氏，名穰苴，春秋时齐国大夫，著名军事家，曾率齐军击退晋、燕入侵之军，因功被封为大司马，子孙后世称司马氏。后因齐景公听信谗言，司马穰苴被罢黜，不久便抑郁而死。由于年代久远，其事迹流传不多，但其军事思想却影响巨大，司马迁赞曰：“闳廓深远，虽三代征伐，未能竟其义。”

齐景公时，晋国和燕国同时进攻齐国，齐国战败。景公忧心忡忡。这时，相国晏子推荐了穰苴。他告诉景公说：“穰苴论文善于团结群众，论武能够威服敌人。”

景公召见穰苴，试探之下，发现穰苴才学出众，深通兵法。他大喜过望，立即任命穰苴为将军，催促他统率大军向晋国和燕国发动反攻。然而，穰苴深知齐国的军队不经一番整治，人马再多也无济于事，便对景公说：“我素来地位卑贱，主上一下子提拔我担任将军，位居大夫之上，士卒不会归附，百姓不会信服。我人微权轻，必须有主上宠信、全国尊敬的重臣担任监军，才能压住阵脚。”齐景公接受了这一建议，并指派自己的宠臣庄贾为监军。告别景公时，穰苴同庄贾约定：明日正午，准时在大营会合。

第二天，穰苴早早来到军中，立下计算时刻的日晷、漏壶，等庄贾一到便要誓师出征。可是左等右等，始终不见庄贾的人影。殊不知，这时庄贾正在家中大开盛筵。原来，庄贾深受景公宠信，地位崇高，他自以为身任监军，位高权重，早已把同穰苴的约定当成了耳旁风。

庄贾虽然未到，穰苴却按照原计划召集全军，指挥士卒排阵演练，宣布了军令军纪，随时准备出发。

直到傍晚，庄贾才慢腾腾地来到军营。面对盛大的军容、庄严肃穆的气氛，他仍然若无其事。这时，穰苴迎上来厉声问道："为何不准时前来？"

庄贾含糊地答道："鄙人的部下亲戚为我送行，耽误了时间。"

穰苴严肃地说道："将军受命之日，就应当丢开家事；身临军阵，便应当忘掉亲戚；战鼓一响，更应当舍身为国。现在敌军正大举入侵，全国震动，士卒露宿田野，国君寝食不安，百姓的生命都掌握在你手中，还饯什么行！"接着他对执法军官发问："按照军法，约期不到，贻误军机，怎样惩处？"

执法军官答道："斩首！"

这时庄贾才害怕起来，慌忙派手下人给景公送信求救。但是没等派出的人赶回来，穰苴一声"斩首示众"，庄贾已经人头落地。全军将士受到了极大的震动。

再说齐景公得到消息，急忙派出使者，带着赦免庄贾的符节赶来。情急之中，使者不经通报，驱车直接冲入军阵。穰苴面对景公派来的使者说："将在外，君命有所不受！"并问执法军官："车马在军中任意奔驰，应当怎样论处？"

执法军官说："当斩！"使者吓得连忙叩头求饶。这时，穰苴说道："国君的使者不可轻杀。"于是下令把使者的仆人斩首，作为替代。接着他派人向景公报告处理经过，然后下令全军出发。此时的大军令行禁止，威武雄壮。

行军路上，穰苴亲自过问士卒的衣食住行，并请医送药。士兵们受到极大的鼓舞，军威大振，连有病的士卒也争着要求参加作战。晋军得到消息，连忙撤退，燕军也不战自退。穰苴下令乘势追击，一举收复了全部失地。

苏武牧羊

苏武在匈奴，十年持汉节。白雁上林飞，空传一书札。牧羊边地苦，落日归心绝。

——李白

苏武，字子卿，西汉杜陵（今陕西西安东南）人。天汉元年（公元前100年），任中郎将。

汉武帝时，国家很富强，原来常常骚扰汉朝的少数民族匈奴害怕了，派使者到汉朝求和。汉武帝很高兴，就派苏武为使者，带着礼物，送以前汉朝扣留的匈奴俘虏回去，以表示修和结好的诚意。临走前，汉武帝亲手交给苏武一根使持节，这是一根七八尺长的棍棒，顶上挂着一串旄牛尾，用来表明使者的身份。

谁知那匈奴单于并不是真心同汉朝和好，原来是缓兵之计。他见汉天子派苏武送回使者，厚赠金银，认为武帝中了他的奸计，更加骄横起来。苏武看穿了单于的真面目，心想先不露声色，等到返回汉朝再启奏皇上。谁知，却赶上匈奴内部有人“起义”，并且联络了苏武的副使张胜。

“起义”失败了，张胜被捕。面对单于的质问，苏武认为自己有辱使命，拔刀自刎，他的部下慌忙把他抱住夺刀，可是晚了一步，苏武已经受伤，血流如注，昏了过去。经过医生长时间的抢救，苏武终于苏醒过来。单于非常佩服苏武的气节，打起了招降他的主意，他希望苏武能够投降，为匈奴效力，便用高官厚禄引诱苏武，但苏武毫不动心。

单于无计可施，只得下令把苏武禁闭在一个大地窖里，不给饭吃，不给水喝。但是苏武渴了就抓把雪吃，饿了就嚼把毡毛，一连过了许多天，竟然没有饿死。迷信的单于以为神灵在保佑苏武，于是不敢杀害他了，就把他流放到荒无人烟的北海（今贝加尔湖），给他一群公羊让他放牧，并对他说：“等公羊生了小羊，就让你回汉朝！”公羊怎么能生小羊呢？苏武明白，自己要是不屈服，单于是不会放他回祖国的。

北海边，终年白雪皑皑，寒风呼啸。这地方荒无人烟，连鸟兽的影子都很少看见，要生存是极其艰难的。在极端恶劣的环境里，苏武靠吃草籽和老鼠肉顽强地活了下来。其间又有降臣多次来劝说，都被苏武斩钉截铁地拒绝了。他心里想：我就是冻死在这里，饿死在这里，老死在这里，也不能背叛自己的国家。

苏武始终手持着汉武帝交给他的使持节，无论白天放羊还是晚上睡觉，这使持节从来没有离开过他，日子久了，使持节上的毛都掉光了，可苏武还是握着它，连睡觉都把它紧紧地抱在胸前。就这样，苏武熬过了漫长的 19 年。

汉武帝死了以后，汉昭帝即位当了皇帝，经过几年的努力，汉朝终于与匈奴和好。汉朝方面要求遣返苏武，匈奴却不肯放人，说苏武早已死了。后来，当年苏武的副使常惠听说汉朝派使者到匈奴去的消息，设法见到了汉使，细述了详情，并同使者一起商量救出苏武的计策。

第二天，汉使又去见单于，假说汉天子在后苑中射雁，从雁脚上取得苏武的书信，说他正被流放在北海，因而天子要求单于立刻放苏武回来。单于这才不得不下令放出苏武。在汉使的坚持下，常惠等人也都获得了释放。苏武终于归汉，去时壮年，归时头发已经斑白。

苏武的非凡事迹轰动了朝野上下，不论是朝廷大臣还是普通百姓，没有一个不佩服他的。他的故事，已经过去两千多年了，却一直在民间流传。苏武那不屈不挠、爱国报国的赤胆忠心，永久留在了中华民族的史册上。

强项令董宣

其身正，不令而行；其身不正，虽令不从。

——孔子

董宣，字少平，汉陈留郡圉县（今河南杞县）人。东汉初年，董宣因为办案有功，为官清廉，被光武帝刘秀任命为洛阳令。

董宣到任后不久，有一位白发老人来到府衙，趴在地上号啕大哭，说他的儿子进城卖柴，被湖阳公主的家臣骑马踩死了。接着，又有几个人告湖阳公主的家臣在街上杀人，抢占民田，犯案以后，就逃回湖阳公主的深宅大院躲了起来。

董宣认为，执法贵在一个“严”字。朝廷制定王法，不能只管老百姓，就是豪门贵族、皇亲国戚犯法，也同样要严加制裁。按照王法，杀人者应当抵命。

但是，这件事却让他犯了难，因为他们是绝对不被允许随便进入皇亲国戚的宅第抓人的。于是，他就带人天天在湖阳公主的宅第外边等着那个家臣出来。过了一段日子，湖阳公主有事外出，跟随她的正是那个家臣。董宣看到后，立即命衙役上去拦住公主的马车。公主大怒道："何人竟敢拦我马车？"董宣上前施礼道："公主，您身边的这个家臣犯有重大命案，今日须问个明白。"

公主根本没把董宣放在眼里，傲慢地说道："有话快问吧！"董宣将几件命案一一道来，那个家臣仗着公主撑腰，有恃无恐地满口承认。他还狂妄地说道："我就是承认了，你能拿我怎样？"此时，董宣大喊一声："来人，把这个杀人犯给我砍了！"随着他一声令下，那个家臣的人头落了地。

此时的湖阳公主气得浑身发抖，她觉得光天化日之下董宣这样做有损她的尊严，马上直奔皇宫，跟光武帝哭诉。光武帝一听，勃然大怒，立即下令将董宣抓来。当着公主的面，光武帝命令侍卫将董宣打死。

董宣一听，镇静地叩头说道："请让我说一句话再死。"光武帝问道："你还有什么要说的？"董宣站直了，对光武帝说道："陛下是一个有作为的皇帝，应当尊重法律，现在您包庇家人，还能治理天下吗？用不着打，我自杀就是了。"说完，他一头向皇宫的大柱上撞去，顿时血流满面。

光武帝见董宣如此刚烈，便令小太监把他扶住。光武帝知道董宣说得有理，但是为了顾全湖阳公主的面子，让董宣向湖阳公主磕头赔礼，但董宣就是不肯。小太监硬把董宣的头按向地面，董宣两手撑地，挺着脖子，怎么都不肯低头。

光武帝见董宣如此强项，一时无可奈何，只好摆摆手，说道："算了，真是个强项令，放他走吧。"

后来，光武帝不仅免了董宣的罪，还给了他很多封赏。董宣把钱财统统分给了手下的差吏，却把食物吃得干干净净。当盘子被倒扣在桌子上时，竟然没有一点儿残屑。刘秀奇怪地问他为何这样，他答道："我吃东西一向不敢稍有残留，就像我当官一向尽心尽职，不敢稍遗余力一样。”

从此，“强项令”的名声传遍了京师洛阳。平常目无法纪的皇亲国戚、世家豪族从此不敢横行街市，洛阳城里秩序井然，人们安居乐业。

羊续悬鱼

激浊而扬清，废贪而立廉。

——柳宗元

东汉后期，宦官专权，政治腐败，地方官敲诈勒索、行贿、受贿，无所不作，天下大乱。羊续在这时被任命为南阳太守。他在任期间，生活俭朴，为官清正廉洁，从不接受别人的馈赠。

羊续在上任南阳太守的途中，跟以往的官吏有所不同，他不坐官车，而是换上老百姓的衣服，只带着一个侍童，徐徐而行。一路上，他们了解到老百姓长期遭受官府的剥削，生活痛苦不堪，加上内战加剧，百姓衣衫褴褛，食不果腹；而那些有钱有势的人家却生活奢侈，贪赃枉法的官吏、土豪劣绅更是横行霸道，作恶多端。因此，羊续一上任，就展开大刀阔斧的改革，惩罚不法之徒，以此扭转腐败奢侈的风气。为了以身作则，他吃的是粗菜淡饭，穿的是破衣旧衫，甚至出巡时用的车马也是破旧不堪，府中的官员们多次劝他换一架新的，而羊续却不以为然。

有一位副手听说羊续喜欢吃鱼，想得到羊续的欢心，便派人到集市上买来几条大鱼，兴冲冲地提到羊续的府中。羊续看着这几条又大又鲜活的鱼，不便当面拒绝，收下后把鱼挂在院子里。过了几天，副手又派人去买鱼，这次买到的鱼比上次的更大更肥，看了真让人垂涎三尺。羊续看到副手来了，手里还提着几条鱼，便明白了他的意思，但他什么也没说，只是用手指指挂在院子里的鱼干，意思是说：“你看，我有这个需要吗？”这位副手的脸马上涨得通红，明白了羊续的意思，惭愧极了。他不好意思地对羊续说：“实在惭愧，是我误会您了。”羊续义正词严地说道：“我们食用朝廷俸禄，做官就得清廉，不然如何能为老百姓做事呢？”副手诺诺连声：“我一定谨记您的教诲。”然后，他赶紧提着鱼走了。自此以后，羊续不再吃鱼。

羊续在任时期，宦官专权，社会风气败坏，汉灵帝刘宏跟宦官合伙，公然开设卖官交易所，各种官职公开标价拍卖。例如，肥缺地方太守要两千万钱，“三公”因不便在地方上直接搜刮钱财，所以标价还没有太守的高。后来，灵帝听说羊续为官清正，闻名遐迩，为了拉拢他，主动提出要任命他为太尉，掌管全国军事，条件是只要他交出标定价格的一半就可以了。于是，灵帝派使者试探羊续的意思。这在一般人看来，是求之不得的事情。可是当皇帝派使者来商讨价格时，羊续却把使者请到小小的方桌边坐下，把自己平常穿的破衣服拿给使者看，对使者说：“我所有的财产只有这点儿东西。”使者非常扫兴，回去后把他在南阳碰到的情况汇报给灵帝。灵帝听了很不高兴，但又不好做得太露骨，于是降了一级，任命羊续为太常。

羊续虽没有当上太尉，但他为官廉正的美名深受人们赞扬。

刘备三顾茅庐

孤之有孔明，犹鱼之有水也。

——《隆中对》

刘备，字玄德，涿郡涿县（今河北涿州）人，汉中山靖王刘胜的后代，三国时期蜀汉开国皇帝。他为人谦和，礼贤下士，宽以待人，知人善用，素以仁德为世人称赞，是三国时期著名的政治家。

历史上著名的官渡之战后，袁绍仓皇逃往北方。原来投奔袁绍的刘备，也只好逃到荆州，去投奔了刘表。刘表在表面上对刘备十分客气，暗地里却有所戒备，因此借故拨给他少量人马，让他驻扎到新野（今河南新野县）去了。

刘备不甘寄人篱下，他要壮大实力，实现重振汉室的宏愿。他深知，没有运筹帷幄、远见卓识的人才帮助自己，是很难成就大事业的。就在这时，一个叫徐庶的人来投奔刘备，刘备见徐庶胆识过人，就请他担任军师。但曹操抓了徐庶的母亲，逼徐庶去曹营效力。徐庶临走时推荐了诸葛亮，说他可以辅佐刘备夺得天下，还说诸葛亮极有才能，甚至比春秋时的管仲、战国时的乐毅还要高明许多倍，简直跟周朝的姜子牙、汉朝的张良差不多。刘备听后非常高兴，准备了许多礼物，决定亲自拜访诸葛亮。

诸葛亮，字孔明，原籍琅邪阳都（今山东沂南南）。当时东汉末年，天下大乱，那些有势力的人只知道自己争权夺利，没有一个肯真正为国家做事。诸葛亮看到这样的现实，不愿意让那些有势力的人知道自己有学识而惹来麻烦，就隐居在隆中。住处附近有一带高岗，叫卧龙岗，所以人们也称诸葛亮为“卧龙先生”。

这天，刘备和关羽、张飞带着礼物到隆中卧龙岗去请诸葛亮出山辅佐他。诸葛亮事先已经得知刘备要来，就出去了。刘备只能失望地回去了。回到新野后，刘备天天打听隆中的情况。过了几天，传来消息，说卧龙先生回来了。刘备马上让人备马，冒着风雪上山前往隆中去了。谁知，回来的是诸葛亮的弟弟诸葛均，还是没有见到诸葛亮。张飞本来就不愿意再来，见诸葛亮不在家，就催着要回去。刘备只好留下一封信，表达了自己对诸葛亮的敬佩之情和请他出山辅佐自己的意思。

转眼到了新春，刘备选择了吉日，恭恭敬敬地洗了澡，换了干净衣服，还斋戒三天，准备第三次前往隆中拜见诸葛亮。此事被关羽、张飞知道了，都来劝说刘备不要再去。刘备把关羽和张飞责备了一顿，又同他俩第三次去请诸葛亮。三人骑马往隆中而来，就在离草庐还有半里地的地方，刘备便下了马，徒步而行。叩开门后，听书童说诸葛亮正在午睡，刘备连忙不让惊动。他吩咐关羽、张飞二人在院门外等候，自己则进了院子后恭恭敬敬地站在草庐的台阶下等候。大约过了两个时辰，诸葛亮才醒来。

诸葛亮把刘备请到屋内，叙礼完毕，分宾主坐下。刘备坦率地说："如今汉室衰落，奸臣当道，我自知能力有限，却想力挽狂澜，特来向先生求教。"诸葛亮看刘备这样真诚，也就推心置腹地跟刘备谈了自己三分天下的主张。刘备听完后茅塞顿开，打心眼儿里钦佩诸葛亮，于是极力请求他下山。看到刘备这样热情诚恳，诸葛亮高兴地跟刘备到新野去了。至此，刘备不辞辛苦，三次专程拜访，终于如愿以偿。

后来，人们把这件事称作"三顾茅庐"，把刘备和诸葛亮这番对话称作"隆中对"。从此以后，刘备把诸葛亮当作老师对待，诸葛亮也尽心尽力地辅佐他。

诸葛亮鞠躬尽瘁

鞠躬尽瘁，死而后已。

——诸葛亮

诸葛亮，字孔明，琅邪阳都（今山东沂南南）人，三国时期著名的政治家、军事家。

东汉末年，群雄混战。诸葛亮自小失去双亲，由当时任豫章太守的叔叔诸葛玄将他和弟弟带到任上代为抚养。不久，诸葛玄因受排挤而离任，带着全家投奔了荆州的刘表。诸葛亮17岁那年，诸葛玄去世，从此，诸葛亮就在隆中开始了“躬耕陇亩”的生活。

青年时代的诸葛亮十分刻苦好学，研读了很多历史书籍，而且十分自信，常常以春秋战国时期的名臣管仲和名将乐毅自

比。当时有一个叫庞德公的人，善于品评人物，与诸葛亮见了几次面后，称诸葛亮为“卧龙”。

刘备屯兵新野时，徐庶为幕僚，向刘备推荐诸葛亮。刘备三访其庐，诸葛亮才与其相见，并提出了占据荆、益二州，联合孙权，对抗曹操，统一天下的建议。诸葛亮深得刘备的赞赏，自此成了刘备的主要辅佐之臣，辅佐刘备联吴抗曹，使蜀与魏、吴呈鼎足之势。

诸葛亮在川期间，主要依靠从荆州带来的旧属，同时注意笼络刘璋原来的部下和益州豪强大族。对出身贫寒而有才干的士人，也大力拔擢，被称赞为“能尽时人之器用”。公元 221 年，刘备称帝，建立蜀汉，任命诸葛亮为丞相。公元 223 年，刘备病逝，刘禅继位，诸葛亮以丞相辅政，又被任命为益州牧，后封武乡侯。

诸葛亮执政后，要办的第一件大事是恢复与东吴的外交关系。刘备死后，东吴一方面继续向魏称臣，一方面尚未拿定主意怎样对蜀，仍陈大军于蜀的边境。诸葛亮派尚书邓芝出使东吴，说服孙权与蜀联合，与魏断绝关系。

当时，刘备死后，益州郡豪强雍闿发动叛变，杀死了益州太守，并投靠东吴，还拉拢南中地区少数民族首领孟获，妄想联络西南一些部族起来反抗蜀汉。诸葛亮一面派人和东吴重新讲和，一面奖励生产，兴修水利，积蓄粮食，训练兵马。经过两年调养，诸葛亮上书后主，决心平定南中叛乱。

公元 225 年 3 月，诸葛亮兵分三路，向南中展开进攻。不久，叛乱首领雍闿被部下杀死，孟获成了南彝的首领。于是诸葛亮七擒孟获，又七次将他释放，使孟获心悦诚服地归降蜀国。这样，南中各地少数民族统统归附。

为了恢复国力，进一步安定人民生活，诸葛亮在政治上、经济上都实行发展生产、安定民生的方针政策，使蜀国经济力量大大增强。为了保护著名水利工程都江堰，诸葛亮设立堰官，并派 1 300

名士兵对都江堰进行保护。

公元227年，诸葛亮上《出师表》于后主，率军至汉中，准备北伐。他先在汉中练兵约一年，然后北攻，魏南安（今甘肃陇西）、天水、安定（今甘肃济川）三郡当即降蜀。魏明帝亲赴长安督战，以曹真督关右诸军，采用以防守为主的战略。最终由于蜀军参军马谡指挥不当，丢失街亭，大败于魏军。蜀军失去前进的据点，只好退回汉中。

公元228年冬，诸葛亮再次率军北伐。蜀军此次出大散关，围攻陈仓20余日不下，粮尽而退。公元229年，诸葛亮第三次率军北伐。蜀军西向，取魏武都、阴平二郡而回。公元234年，诸葛亮第五次北伐，以大军出斜谷，据五丈原（今陕西岐山南）。此次出兵，事先与东吴约好同时攻魏。最终，因为魏明帝的“先东吴后蜀汉”政策，东吴全线撤军。诸葛亮鉴于以往的教训，被迫做出久驻的决定。

不久之后，积劳成疾的诸葛亮病死在五丈原军中，时年54岁。

陶侃拾荒

历览前贤国与家，成由勤俭破由奢。

——李商隐

陶侃，东晋庐江寻阳（今湖北黄梅西南）人，字士行，历任县吏、郡守、荆州刺史，后任荆江二州刺史，都督八州诸军事。

公元265年，司马炎强迫魏帝退位，建立西晋王朝。他以为完成了统一大业，从此可以贪图享乐，但是朝政迅速转向腐败，君臣上下，奢靡成风。当时有个官僚叫石崇，家族世代为官。石崇二十几岁开始做官，大量搜刮民脂民膏，仅家中奴仆就有800多人，具体财产更是无人说得清楚，比皇亲国戚们都富有几百倍。据说他家的厕所都布置得十分豪华，不仅有华丽的床，还有丝绸的被褥，并有婢女捧香侍候。右光禄大夫刘实曾在他家上厕所，以为误入了石崇的卧室，赶快退出来。当时石崇为了与文明皇后的弟弟王恺争豪斗富，用蜡烛当柴烧，用花椒粉涂屋子，做50里长的锦缎步障，最后把王恺斗败。

但此时却有一人例外，他就是陶侃。陶侃当了官，本来也可以发财致富，享受奢侈，但他却始终保持俭朴的生活习惯。陶侃早年丧父，母亲给别人做针线活养活全家，当时家里很穷，经常吃了上顿没有下顿。有一次，家里来了客人，却没有钱招待，母亲只好将自己的长发剪去卖掉，才换来了招待客人的酒菜。在这样的环境里长大的陶侃，自然懂得生活的艰辛和物品的来之不易，哪有不珍惜的道理？

陶侃在广州任刺史时，一有空闲，每天早上就将百来块砖搬出屋外，晚上又搬进屋内，数日数月，坚持不懈。看到的人觉得很奇怪，问他原因，他说："过分富裕闲适的生活，会消磨意志，怕将来不能为国家承担重任。"

他不仅对自己严格要求，对别人也绝不姑息。有一次，他看到有人拿着一把没有成熟的稻子，就走过去问："用这稻子干吗？"那人回答："走路的时候看见了，便随便摘下一把。"陶侃最恨那些不珍惜别人劳动成果的人，听后勃然大怒道："你自己不种田，怎能随意糟蹋别人的稻子！"于是他将那个人押往官府，并做出惩罚。

后来，陶侃当了八州都督，这相当于大将军。他常常亲临军营视察，关心士兵的生活和训练。当时军队正在造一批大船，他每天都去工地视察，看到到处都扔着木屑、竹子头，很心痛，叫人把这些东西都捡起来放进仓库。他手下的人觉得很不可思议，心想：将军把这些废物保管起来有什么用呢？

这一年冬天，雪下得很大。春天快来时，雪开始融化，道路又湿又滑，走起来很不方便。这时，陶侃让人从仓库里搬出收起来的木屑，撒在路上。将士们走在铺着木屑的路上，又松又软又干燥。想不到木屑还有这么大的用途，将士们都被将军的先见之明和勤俭节约深深折服。

过了不久，桓温将军率 7 000 士兵攻打蜀地。浩浩荡荡的船队行驶在长江三峡的激流中，使敌人闻风丧胆。这些战船就是由陶侃的部队负责建造的。当时，建造战船的时间很紧，士兵们只得加班加点地干。可是当船造到一半时，发现钉子不够用了。这可把士兵们急坏了，因为就算立即采办也来不及了。就在这时候，陶侃想到保管在仓库里的竹子头，他记得小时候父亲曾经削竹头子做钉子来修理家具。陶侃便立即叫人取出竹子头，削成竹钉，代替铁钉。这些竹子头老而结实，不怕水浸。最终，几十条战船按时赶造出来，使得桓温抓住战机，顺利攻克了蜀地。

戴胄依法量刑

一乃心力，刑无僭滥，事有箴规。

——《旧唐书》

戴胄，字玄胤，相州安阳（今河南安阳）人，隋朝末年任门下省录事，归唐后引为秦王府士曹参军。李世民即位后，授大理少卿。

戴胄任大理少卿时，不畏权贵，秉公执法。贞观元年，唐太宗李世民急召长孙无忌入宫议事。长孙无忌因走得匆忙，竟忘了解下佩刀，就径直进入太极殿左边的东上阁。负责检校宫禁出入的监门校尉见长孙无忌匆匆赶来，知道皇上有急事找他，连忙施礼，也没有注意他挂着腰刀，就让他进了东上阁。

按照唐律，任何人不得持寸刃进入东上阁，违者斩首。然而，长孙无忌既是皇上的心腹大臣，又是皇后的兄长，唐太宗一时没了主意。这时，尚书右仆射封德彝评断说：“长孙无忌带刀误入东上阁，处以赎刑；监门校尉失职未察，罪该处死。”

这番话正合太宗心意。太宗想了想，就对负责执法的大理少卿戴胄说：“就照封德彝说的办，你去下令执行吧！”

戴胄觉得这样处理不公正，就向太宗奏明说：“陛下！臣以为封德彝的处理办法不太公正。如果说长孙无忌带刀入宫是一时疏忽，那么守门校尉也是一时失误。当然，处理时应该有所区别。臣以为大臣理当熟悉法律，带刀入宫不能作为一时失误来对待。”

封德彝答道：“长孙无忌为国家立有大功，又是误犯，理应从宽量刑；监门校尉是严重失职，怎能不从重处罚？”

戴胄驳斥道：“作为臣子，冒犯了君父，怎能推说是过失、误犯呢？《大唐律》明确规定：‘凡是供应皇上的汤药、饮食、车船等，失误而不如法定标准的，一律处以死刑。’陛下如若顾念长孙无忌的功劳，赦免他的罪过，这也未尝不可。但是如果只罚长孙无忌赎铜，却处死校尉，这是既不能服人，也不符合刑律的。”

唐太宗见二人争论不休，传旨道：“法律是天下共同遵守的，朕怎么能徇私枉法袒护自己的亲戚呢？你们重新审议一个恰当的处置意见吧。”封德彝固执己见，口若悬河，唐太宗将要照他的话批准执行了。戴胄又抗争说：“监门校尉是因为长孙无忌才犯罪的，依法应当从轻处置。如果都属于过失误犯，也不应当只处校尉一人死刑。”最终，唐太宗将监门校尉与长孙无忌都判以赎铜。

唐太宗在全国范围内公开选拔人才。当时父辈祖辈为国家建有功勋，或充任高职、有一定声望者，其子孙可以获得一些优待，这就叫“资荫”。于是有人便假冒资荫，希图高选。唐太宗发现这一情况后，非常恼火，传下诏书：“但凡假冒资荫而入选者，赶快自首；否则一经发现，立即处死！”

不久，大理寺查出一个假冒的人来，大理少卿戴胄依法将其判处流刑。唐太宗非常愤怒地对戴胄说：“朕下令要对不自首的人处以死刑，你却只判流刑，这就等于向天下表示朕的命令不足为信了！难道你要抗旨吗？”

戴胄回答说：“陛下如果当场就把他杀了，臣也来不及阻拦。既然已把他交给了司法部门，臣身为执法官，就不敢不依法办事。”

太宗质问道：“你要当一个严明的法官，难道就让朕失信于天下吗？”

戴胄解释道："法律是经过国家充分酝酿才制定而公布于天下，要求民众长久信仰和遵循的，这是大信大义；言语则往往受当事人喜怒心情的影响。陛下因一时激愤，说要将假冒者处死，事后心平气和了，知道不能以言代法，又将其交给司法部门依法量刑，这正说明了陛下能够忍住一时的私愤，而维护天下的公法啊！这不是失了小信义而保存了大信义吗？如果为了不失小信而一定要杀掉此人，不惜破坏国法这个大信，臣私下里很为陛下惋惜。"

太宗连连点头，赞道："是朕错了。爱卿能够严格依法办事，朕还有什么可担忧的。这个人就照你的意见处置吧。"

直言敢谏的魏徵

为政者岂待尧、舜之君，龙益之佐，自我驱使魏徵，天下乂安，边境无事，时和岁稔，其忠益如此。

——唐太宗

魏徵出身于一个书香世家，他胸怀大志，总想干出一番事业来，于是刻苦读书，在学问和政治才干方面打下了良好基础。当时隋炀帝荒淫无道，天下英雄豪杰纷纷起兵反隋。魏徵先是参加了元宝藏的起义军，但觉得看不清楚天下大势，心中茫然，不知所从，于是隐居以避一时之乱。

后来，魏徵出山，在太子

李建成手下做一个掌管图书经籍的小官——洗马。在这一阶段，魏徵虽有文名，但实际上并未起多大的作用，只是给李建成提过一个建议，让他带兵去攻打不堪一击的刘黑闼，这样既可建立军功，又可暗结豪杰。李建成听了他的建议，取得了圆满成功。

李唐政权把握了天下大势之后，秦王李世民发动“玄武门之变”。玄武门之变后，有人向李世民告发，在李建成手下干过事的魏徵曾经劝说李建成杀害秦王。李世民也知道魏徵是李建成的心腹，并非等闲人物，就立刻召见了他。魏徵见了秦王，秦王板起脸问他：“你为什么在我们兄弟间挑拨离间？”

左右的大臣听秦王这样发问，以为秦王要算魏徵的老账，都替魏徵捏了一把汗。但是魏徵没有巧言相辩，而是据理回答，他说：“各为其主。如果太子早听信了我的话，就不会有今天的下场。我忠于李建成，又有什么错呢？管仲不是还射中齐桓公的带钩吗？”

李世民听他说话既坦率又有理，尤其是他举出了管仲射公子小白的历史故事，自己不能显得没有气度，就赦免了他，并封他为主簿。至此，魏徵结束了不得其主的生涯。

唐太宗即位以后，不记旧恨，选用了一大批李建成、李元吉手下的人做官，把魏徵提拔为谏议大夫。他鼓励大臣们把意见当面说出来。在他的鼓励之下，大臣们也敢于直言。特别是魏徵，有什么意见就在唐太宗面前直说。唐太宗也特别信任他，常常把他召进内宫，听取他的意见。

此后，魏徵看到唐太宗有不对的地方，就当面力谏。当然，唐太宗是人不是神，对魏徵的劝谏并不是每一次都能愉快地接受，有时是既恨又怕，甚至还想干脆杀掉他。

有一次，魏徵在上朝的时候，跟唐太宗争得面红耳赤。唐太宗实在听不下去，想要发作，却又怕在大臣面前丢了自己接受意见的好名声，只好勉强忍住。退朝以后，他憋了一肚子气回到内宫，见了他的妻子长孙皇后，气冲冲地说："总有一天，我要杀死这个乡巴佬儿！"

长孙皇后很少见太宗发那么大的火，问他道："不知道陛下想杀哪一个。"

唐太宗说："还不是那个魏徵！他总是当着大家的面侮辱我，叫我实在忍受不了！"

长孙皇后听了，一声不吭，回到自己的内室，换了一套朝见的礼服，向太宗下拜。

唐太宗惊奇地问道："你这是干什么？"

长孙皇后说："我听说英明的天子才有正直的大臣，现在魏徵这样正直，正说明陛下英明，我怎么能不向陛下祝贺呢！"

这一番话就像一盆清凉的水，把太宗的满腔怒火浇熄了。

后来，他不但不记恨魏徵，反而夸奖魏徵说："人家都说魏徵举止粗鲁，我看这正是他可用的地方哩！"

魏徵去世后，太宗命朝中九品以上的官员都去吊唁，悼文刻于石上。太宗对他思念不已，跟左右大臣说："人以铜为镜，可以正衣冠；以古为镜，可以知兴替；以人为镜，可以知得失。魏徵殁，朕亡一镜矣。"

张巡守城

捐躯赴国难，视死忽如归。

——曹植

张巡，是唐蒲州河东（今山西永济西）人。

唐玄宗后期，安禄山叛乱，国家一片混乱，许多将领纷纷变节投降。在抵抗安禄山叛乱中出现了许多披肝沥胆的英雄，张巡就是其中一位杰出的代表。

张巡，生于唐中宗景龙三年（公元709年），自幼便聪悟有才干。他不但博览群书，通晓阵法，而且才华出众，记忆力惊人，读书不过三遍，便终生不忘，写文章不用打草稿，落笔成章。玄宗开元末年（公元741年），张巡进士及第，初仕为太子通事舍人。

安禄山占领洛阳时，雍丘（今河南杞县）县令令狐潮投降安禄山。为了增强自己的政治资本，令狐潮主动率军出击，击败了从淮阳方面赶来的唐军援兵，并俘获百余人。令狐潮将唐军俘虏押回雍丘准备处死，在他出城办事时，唐淮阳士兵乘机挣脱绳索，杀死看守，闭城拒纳令狐潮。时任真源县县令的张巡，听说令狐潮变节投降，非常气愤，招募了1 000多人到达雍丘，与雍丘城里的将士们奋力抗击，使得令狐潮出得去进不来。

气急败坏的令狐潮纠集了4万多叛军来攻城，当时守城的唐军总共也不过3 000人，双方兵力对比悬殊，有些人担心城守不住。张巡安慰大家说："叛贼了解城中虚实，一定会轻心。如果我们出其不意地加以反击，叛军定会大乱。只要挫败了叛军的士气，守城就容易了。"

张巡看准时机，亲自带着1 000多人马出城冲入敌阵，果然打得叛军措手不及，纷纷后退。张巡总是瞅准机会才出击，打得叛军防不胜防。恼羞成怒的令狐潮命士兵们架起投石车，用石块不停地向城中轰击。张巡亲自上城督战，与雍丘的将士们坚守了60多天。士兵们穿着盔甲睡觉吃饭，包扎好伤口继续战斗，经过了大小300多次战斗后，令狐潮不得不带着败兵退走。

张巡虽然官职不高，却能清醒地看到坚守雍丘的重要意义。所以，他知道尽管令狐潮初次攻打雍丘失败，但叛军绝不会善罢甘休，一场大仗已经是迫在眉睫。为此，他做好了充分的心理准备。

果然，过了不久，不甘失败的令狐潮又反扑而来。此时长安已失守，令狐潮的气焰更加嚣张，他命令士兵把城紧紧地围起来。

张巡坚守40多天，外面音信全无，叛军一次次进攻，城中将士一次次地把叛军打退。可是，日子一长，城中的箭渐渐用完了。为了解决这一难题，张巡想到了一个绝妙的主意——草人借箭。张巡命士兵扎了1 000多个草人，乘着漆黑的夜把草人用绳索吊着沿城墙慢慢往下放。不一会儿，叛军发现有“人”沿着城墙往下爬。令狐潮断定是张巡夜袭，命令士兵狠狠射击，于是叛军争先恐后地朝草人放箭，直到东方发白，才发现上了大当。

张巡乘着叛军余悸未消，又组织夜袭。敌军以为又是张巡用草人骗箭，嘲笑了一阵子，谁也不去理会。突然，张巡带着500名敢死队员直冲敌营，敌兵如梦方醒，一下子乱成一片，纷纷后退逃命。敢死队员们放火烧了敌营，并一口气追出了十多里。

过了几天，令狐潮决定再次攻城。谁知，还没等他排好阵势，张巡就命令30名骑兵冲过去，一举俘获了14名敌军将领，杀死了100多名敌兵。令狐潮乘着夜色逃跑了。

不久，张巡得到睢阳太守许远的求援，立即带领3 000名兵士、300匹战马到达睢阳同太守许远会合，共同坚守睢阳城。

睢阳城是南北交通要塞，守住睢阳城就能拖住叛军的后腿，对唐王朝的存亡至关重要。但是睢阳城内得不到援军的支持，只能孤军奋战，粮食已严重不足，将士也仅剩 1 600 多人。在这样极度困难的情况下，张巡仍然带着将士打退了叛军一次又一次的进攻。

接连的战斗和严重的饥饿，城里只剩下 600 多将士。张巡派人冲出重围四处求援，最后只借到 3 000 人马，而且边打边走，到睢阳城只剩下 1 000 人了。有人认为，如果现在弃城向东奔逃，也许还可保住城中剩余下来的人的性命。可是，张巡、许远却认为，睢阳是江淮的屏障，如果弃城而走，叛军就会乘胜追击，江淮大地就保不住了，因此决定死守睢阳。

到了 10 月，坚守了几个月的睢阳城陷落了，张巡、许远等 36 名将领全部被俘。

叛将们把他们都绑了起来。叛将尹子奇把刀架在张巡的脖子上，逼他投降。张巡面对敌人的屠刀，昂首挺胸，高声骂道："你们这些认贼作父的人，真是猪狗都不如，看你们到底有什么好下场！"气急败坏的叛将们把他们全部杀害了。

张巡守城的悲壮故事，可歌可泣。正是由于张巡等众将士坚守睢阳，阻挠叛军南下，才为唐军扫平安史之乱争取了时间。唐王朝之所以没有灭亡，张巡等众将士是功不可没的。

王旦举寇准

王文正太尉局量宽厚，未尝见其怒。

——《梦溪笔谈》

王旦，北宋大名莘县（今属山东）人，字子明，谥号文正。

寇准和王旦同为北宋真宗时期的宰相，寇准声名赫赫，而王旦却鲜为人知。但是寇准能够得到重用，与王旦的支持和举荐是分不开的。

寇准才学渊博，胆识超人，但作为群臣之首，他的缺点也很明显，就是比较独断自任，器量也欠宽宏。《宋史》说他“虽有直言之风，而少包荒之量”。

王旦与寇准同年考取进士，长寇准4岁。他的为人，可以借用宋太宗评价吕端的话来概括：“小事糊涂，大事不糊涂。”更准确地说，其实他小事也不糊涂，而是不甚计较。他最为人称道的就是识大体，待人处事宽厚，做事风格与寇准恰成鲜明对照。

王旦从不计较小事，这可以从他对待下人的态度上看出来。有一次，他家的厨子想试试他的忍耐限度，故意把灰尘投进肉羹里，王旦看了看，就只吃饭。家人问他为什么不吃羹，他说：“我今天不想吃肉。”改天厨子故意把灰尘掉进饭里，王旦看了看，说：“今天我饭也不想吃，就来点儿粥吧。”

王旦还是一个胸襟开阔的人。他宽以待人，严于律己。有一次，中书省送文书到枢密院，由于书写格式错误，被当时在枢密院任职的寇准奏明真宗。结果王旦受到责备，其他堂吏也都受到了惩罚。为此，王旦还亲自到寇准府上谢罪。

过了不到一个月的时间，枢密院在给中书省的文书中也发生了错误。堂吏心想这次有机会“报仇”了，于是高兴地给王旦看。谁知王旦说：“送给枢密院修改。”寇准知道后不由惭愧地说：“年兄，你的度量真大。”

尽管王旦为人宽厚，但任职既久，也不免有人批评他。其中，说王旦坏话最多的就是寇准，而王旦对寇准则基本都是赞许。时间久了，连宋真宗也替王旦打抱不平，对王旦说：“你如此赞美寇准，他却总说你不好。”王旦替寇准辩解说：“按照道理来说就应该是这样，我官居相位太久，在处理政事上难免会有错误。寇准能够对皇上直言，这正说明了他忠诚正直，也是我敬重他，向您推荐他的重要原因。”

王旦自从景德三年（公元 1006 年）正式登上宰相之位后，一直担任宰相十多年。而寇准虽然比王旦早两年登相，却经历了几起几落。王旦任宰相后不久，寇准被真宗罢免了枢密使之职。之后他托人向王旦求情为使相。王旦惊奇地说："使相的职务，怎么可以凭私人关系交易呢？我不会接受私人的请求。"

后来，宋真宗决定给寇准一个小官，王旦说："寇准是一个绝对有才华的人，如果皇上任他为使相，他定能有所作为，给朝廷争光。"于是，真宗升寇准为武胜军节度使、同中书门下平章事。寇准得知王旦举荐他的过程后，既愧且叹，自叹不如王旦这般胸襟。

天禧元年（公元 1017 年），王旦病重。真宗探视时问他："万一你要有个三长两短，天下事应当托付给谁呢？"王旦不肯推荐，说："知臣莫若君，人选应当由您来定。"真宗说："你就说说你个人的意见。"王旦郑重地说："一定要问愚见的话，我认为没谁比寇准更合适。"真宗认为寇准刚愎自用，气量狭小，让他再推荐一个人。王旦又说："对于别人我不了解，但寇准是个有才干的人。"后来王旦逝世后，寇准果然被任命为宰相。

在中国历史上，有的人为了保全自己的利益，妒忌人才，打击人才，给国家造成莫大的损失。而王旦却豁达大度，尊重人才，对于批评过自己的人，不但不打击报复，而且能够从大局出发加以推荐，这才是我们民族的优良传统，是非常值得我们学习的。

铁面无私的包拯

> 拯立朝刚毅，贵戚宦官为之敛手，闻者皆惮之。
>
> ——《宋史》

包拯，字希仁，北宋庐州合肥（今安徽合肥）人，天圣进士，曾经担任过枢密副使（最高军事长官），是中国历史上有名的清官。民间流传着很多关于包拯的故事，再加上小说、戏曲的渲染，现如今包拯已成为传奇式的人物了。

包拯早年做天长县（今安徽天长）的县令时，县里发生一个案件：有个农民夜里把耕牛拴在牛棚里，早上起来，发现牛躺倒在地上，嘴里淌着血。他掰开牛嘴一看，原来牛的舌头被人割掉了。这个农民又生气又心痛，就赶到县衙门告状，要求包拯为他查究割牛舌的人。包拯向这个农民盘问了一番。他估计这是冤家陷害，但是没有办法证实，只好说："你先回家去，把牛宰了，吃了吧。"农民本来舍不得宰耕牛，而且按当时的法律，耕牛是不能私自屠宰的，但是一来被割掉舌头的牛也活不了多少天，二来县官叫他宰牛，他也不算犯法，于是农民回家便把牛宰了。

第二天，有人来告发那个农民私宰耕牛。包拯问明情况后，立马知道是怎么回事了。他大喝一声说："好大胆的家伙，你把人家的牛割了舌头，反倒来告人家私宰耕牛！"

那个告状的人大吃一惊，双腿一软跪了下来，伏在地上认罪求饶。

包拯做了几任地方官，每到一个地方，都取消了一些苛捐杂税，清理了一些冤案。后来，他被调到京城做谏官，也提出不少好的建议。宋仁宗正想整顿一下开封的秩序，于是将包拯调任开封府知府。

开封府是皇亲国戚、豪门权贵集中的地方。以前，不管谁当这差使，都免不了跟权贵通关节并接受贿赂。包拯上任以后，决心把这种腐败的风气整顿一下。

有个名叫张尧佐的人，仗着侄女是贵妃，竟担任了三司使（主管全国财政赋税的官员）和节度使等四个重要官职。包拯认为凭张尧佐的才能，不适合担任这么多的官职。于是，他向宋仁宗上奏疏，弹劾这个既有权势又有靠山却没有本事的大人物。奏疏虽然送上去了，但宋仁宗却没有理睬。于是，包拯接连上了四道奏疏，甚至在大殿上和宋仁宗当面争论起来。他大声地说："张尧佐是什么人，担任这样的要职？请陛下不要让天下人议论，因为宠爱贵妃而有私心，这会损害陛下的尊严和威望。望陛下能以天下为重。"

宋仁宗虽然责怪他争论"失礼"，可还是免去了张尧佐两个官职。

包拯对亲戚朋友也十分严格。有的亲戚想利用他做靠山，但他一点儿也不照顾。亲戚朋友知道他的脾气后，再也不敢为私人的事情去找他了。

包拯虽然当了枢密副使，但他家的生活依然十分朴素。包拯死后留下了一份遗嘱：后代子孙做了官，如果犯了贪污罪，不许回老家；死了以后，也不许葬在包家坟地。

由于一生做官清廉，包拯不但生前得到人们的赞扬，死后也被人们当作清官的典型，尊称他为"包公"，或者叫他"包青天"。民间流传着许多包拯铁面无私、打击权贵的故事，还有许多包公办案的戏曲和小说。虽然其中大部分是虚构的传说，但是反映了人们对这位清官的敬慕心情。

戚继光不徇私情

封侯非我意，但愿海波平。

——戚继光

戚继光，字元敬，号南塘，晚年号孟诸，山东登州（今蓬莱）人，明代抗倭名将。

明嘉靖年间，中国东部和东南沿海，经常受到日本海盗的骚扰。那些流亡在外的日本武士、走私商人和流氓，一踏上中国海岸就烧杀抢掠，无恶不作。沿海百姓受尽了他们的苦，称他们为“倭寇”，只因朝廷腐败无能，抗倭不得力，倭寇的活动日益猖獗。

1544 年，年轻的戚继光刚当上山东登州卫指挥（佥事），就立志平定倭寇。一天，几位友人去拜访他，恭贺他年少得志。有人恭维他说：“戚将军，你年轻有为，才能出众，将来一定会建立丰功伟绩，当上大官。”

戚继光没有回答，只命人取来纸笔，挥笔写下“封侯非我意，但愿海波平”的诗句，以表明自己最大的愿望不是做大官，而是消灭倭寇，使祖国的海疆永远太平。于是，他开始整顿军队，严明军纪，提高军队的战斗力。

一天晚上，戚继光下令：“明日清晨卯时，所有将官率兵到演武场集合，不得有误，违者按军法惩处。”将官们接到命令，都不敢违反，第二天清晨准时领兵来到演武场，只见戚继光早已身着戎装，威风凛凛地坐在将台上。他令值勤官检查人数，发现有一名将官未到，其属下的士兵也缺了好几个，立刻命人去找。

这名将官姓阎，官任百户，统兵 120 人，跟戚继光有亲戚关系，论辈分还算是戚继光的舅舅。昨晚他听到命令，并不以为意，仍带着几个卫兵上街喝酒，直至深夜才大醉回营，倒头便睡。第二天早上，他耷拉着脑袋、步履蹒跚地被人带到演武场。戚继光见到他那副醉醺醺的样子气极了，立即当着全体将士的面下令：重重责打他20军棍，停发三个月的军饷。其余违令士兵监禁10天，停发一个月的军饷。

阎百户被打了20军棍，痛得站不起来。戚继光让两名士兵扶他回营休息，然后严肃地对全体将士们说："军队须军纪严明，无论何人都不能违犯，今后若再有此等事发生，定将愈加严办！"

晚上，戚继光亲自去营房探望阎百户，替他敷药，并恳切地说："你虽为我的尊长，但我受朝廷所托统率军队，今为维护军纪，不得不这样，请理解我的苦衷。"戚继光的真诚坦率感动了阎百户，他流着泪说："你做得对，我理应受罚，今后我再也不违犯军令了。"这件事情在将士中间引起了极大的震动，将官们私下里互相告诫道："戚将军对自己的舅舅都这样铁面无私，我们千万要谨慎小心，免得受罚出丑。"从此，军中不再出现违纪之事。

以后，戚继光又从乡民中招募了一些身强力壮、懂武艺的青年来充实军队，并根据个人能力调换了将官，在沿海修筑了碉堡，增强了山东海岸的防卫力量，前来侵犯的倭寇，就不敢轻易到附近海岸来骚扰了。

不久，戚继光被调到浙江义乌，他解散了原来军纪涣散的明军，在当地的农民和矿工中挑选了一批立志抗倭的青年，经过半年的严格训练，组成了一支英勇善战的军队。多年来，戚继光率领着义乌兵转战在浙江和福建地区，在抗倭斗争中使用攻防兼宜的"鸳鸯阵"，取得了累累战果，被百姓称为百战百胜的"戚家军"，成为明朝抗倭中的主力军。

嘉靖四十年(1561年)，戚家军在浙江台州大胜，次年支援闽南，直捣倭寇的老巢。嘉靖四十二年（1563年），戚继光又率义乌兵围剿侵入兴化、平海卫等地的倭寇。

在这场战斗中，戚家军居中，其他部队左右配合，倭寇刚出城迎战，就被戚家军喷射出的石灰迷住了双眼，只见白茫茫一片，分不出东西南北。正当倭寇在擦眼睛时，义乌兵又举起了一个用大毛竹制成的狼筅（古代兵器之一，又名长枪）扫荡倭寇，倭寇们被这种类似狼牙棒的兵器打得死伤无数，侥幸逃出的倭寇又被左军、右军的明兵消灭。这一仗，沉重打击了倭寇。此后，海上残余的倭寇，再也没有力量侵犯中国海岸了。

海瑞直言敢谏

（海瑞）卵翼穷民，而摧折士大夫之豪有力者，小民始忻忻有更生之望矣！

——李贽

海瑞，字汝贤，自号刚峰，从教时被称为海笔架，后人称其为“海青天”，与宋代包拯齐名。

明嘉靖四十三年（1564年），一贯敢于和严嵩奸党做斗争的海瑞，在严党垮台之后调到了京城，从七品县令擢升为六品京官，声誉日隆，锦绣前程正在他面前展开，只要顺应官场，善于积累做官的资本，何愁不飞黄腾达。然而海瑞对个人的升降毫不在意，他焦虑的是严嵩一伙垮台已经三年了，而皇帝依然沉迷于方术，国势日渐衰颓，内忧外患日深，这令他心心念念，焦虑不已。

“夜夜担心天下事，听尽滴漏不成寐。”这夜，海瑞披衣坐起，整理着纷繁的思绪。朝政的失措，吏治的腐败，一桩桩、一件件涌上心头，是非进谏不可了。但进谏可不是儿戏，明代的集权专制可谓“登峰造极”，只要稍微忤逆圣意，连宰相都难免当堂廷杖（打板子）。正是为了劝谏皇帝跳出迷潭，前两年两个大臣一个被处死，一个几乎丧命，如今谁还敢再议论朝政。海瑞当然深知此中厉害，但他更深知为了挽救国家非冒死上谏不可。他在精心撰写奏章的同时，做好了必死的准备。

一道直言无忌的奏章呈上去了。在奏章中，海瑞直陈皇帝迷信方士，昏聩误国的过失，阐明了其所造成的“吏贪官横，民不聊生，水旱无时，盗贼滋炽”的严重后果，甚至引用民谚讽刺说：“嘉靖者，家家皆净（意即搜刮一空）而无财用也。”

奏章中言辞最激烈的一句话是“盖天下之人不直陛下久矣”，意思是说普天下的官员、百姓早就认为您是不正确的了。尽管奏章中的措辞谨守着人臣之礼，但其内容又确实是史无前例的。历来的净谏只是批评某种具体政策、措施，而海瑞则是直接指斥皇帝，否定他所做的一切，等于说他这几十年的天子生涯完全是尸位素餐，甚至认为他连为人夫、为人父的责任都没尽到，其直言无忌的程度古今罕见。

皇帝读罢奏章，勃然大怒。他把奏章狠狠地掷在地上，嘴里连声大叫：“抓住他，别让他跑了！”一个太监为了平息皇上的雷霆震怒，在一旁跪奏道：“海瑞这个人向来就是以不识时务出名，听说他上奏本时知道自己冒犯皇上必死无疑，已经买好了棺材，并和妻子儿女诀别，正在朝堂等候发落，连家里的仆人都已遣散。看来他是不会逃跑的。”

这个宦官的话不完全真实，当时海瑞的妻子并未和他一起在京城，但棺木确实购置了，就放在自家厅堂；僮仆他也早做了安排，强令他们各奔前程——海瑞是准备走出这个家门再也不回来了。听了宦官的一席话，皇帝反倒愣住了，久久无言。

皇帝拿起奏章又重新读了一遍。他不得不承认其中有许多事实无法否认，而过去却从来没有人敢在他面前提过一点；但他又为海瑞触犯了他帝王的尊严而恼怒，于是下令交刑部议罪。在外等候已久的海瑞，从容地免冠解带，在侍卫的押解下坦然走向天牢。

几个月后，嘉靖皇帝去世了，原本无罪的海瑞终于得到了赦免，并加官晋爵，当然只是虚职而已。海瑞不安于养尊处优而无所事事，经他再三恳请，被任命为南直隶巡抚。于是，他又开始了与浊吏、豪强新一轮的斗争。

林则徐销烟扬国威

林则徐是中国近代“睁眼看世界的第一人”。

林则徐，字元抚，福州人，清朝后期著名的政治家、思想家和诗人，是中华民族抵御外辱过程中伟大的民族英雄。因其主张严禁

鸦片、抵抗西方的侵略、坚决维护中国主权和民族利益而深受中国人民敬仰。

林则徐于道光十八年（1838 年）受命钦差大臣赴广东禁烟。他曾说过："若鸦片一日不绝，本大臣一日不回，誓与此事相始终。"

林则徐会同邓廷桢于道光十九年（1839 年）4 月到达虎门，与驻在虎门的关天培一起收缴英国船上的鸦片。收缴工作于 5 月 18 日告一段落，总共收缴鸦片 2 万多箱，其中 1 540 箱是美国烟贩的。所有鸦片共计重 230 多万斤。

鸦片收缴后，林则徐为彻底销毁鸦片做了充足的准备。过去用火烧毁鸦片，鸦片烟流落地下，渗入土中，仍可挖出熬炼成烟膏。林则徐经过调查访问，决定采取群众所发明的有效方法，用生石灰和盐卤水来销毁鸦片。在林则徐的指导下，虎门海滩的高处被挖了两处 15 丈见方的大池子，池底平铺石板，池子临海的一面设涵闸，临陆地的一面通水渠，池子周围拦桩钉板，以保证安全。当一切准备工作就绪后，林则徐宣布从 6 月 3 日起公开销毁鸦片。

清道光十九年四月二十二日（1839 年 6 月 3 日），晴空万里，虎门海滩人头攒动，众多百姓前来观看硝烟壮举。港湾里，数十艘战船排成威武的阵势，销烟池四周布满了岗哨。下午 2 时，林则徐登上虎门海滩的礼台，震动世界的虎门销烟，在隆隆的礼炮声和广大群众的欢呼声中开始了。只见一队队精神抖擞的工人川流不息地把封裹得十分坚固的长约 1 米、高宽各约 0.5 米的鸦片箱背到池子边，还运来一担担石灰和一包包海盐。

海盐和鸦片被混合后倒入池子，鸦片被盐卤水泡透后，再抛下生石灰。顿时，池子里沸腾起来，黑色的鸦片在池子里上下翻滚，化成白色的浓烟，在虎门滩头徐徐升起。不久，池子里停止了沸腾，空中消散了烟雾，池子通海的涵闸被打开，满池子被销毁的鸦片渣沫哗哗地泻进了茫茫的大海。

销烟连续进行了23天，到6月25日，230多万斤鸦片全被销毁。在这不平凡的日子里，远乡近村的男男女女，老老少少，欢天喜地地涌到虎门海滩。他们亲眼看到害人的鸦片被销毁，激昂的情绪胜过虎门的海涛。

有些外国商人也来到虎门。人民高涨的销烟情绪和彻底销烟的严密措施，使他们震惊得目瞪口呆。在销烟池边细细参观后，有些外国商人还特地走到林则徐跟前，摘下帽子，垂下双手，向林则徐表示敬意。这时，林则徐再次向外国商人宣告维护正当的贸易和严禁鸦片的决心，并表示不怕英国的武装挑衅。

虎门销烟从一定程度上遏制了鸦片在中国的泛滥，在民间产生了积极的影响，唤醒了人民的爱国意识。经过这次事件，林则徐被人们尊为民族英雄，其事迹也广为后人传颂。

民族英雄邓世昌

吾辈从军卫国，早置生死于度外，今日之事，有死而已！

——邓世昌

邓世昌，原名永昌，字正卿，广东番禺人，是近代中国第一批自己培养出来的海军将领。在甲午海战中，邓世昌率领船队与倭寇展开激烈的战斗，因敌强我弱，寡不敌众，最终与敌舰同归于尽，壮烈牺牲。

这一天，海面上炮声隆隆，弹如飞蝗，海水犹如一锅开水在沸腾翻滚。在这惊涛骇浪的战斗中，致远舰船扬帆冲锋，勇往直前。邓世昌正是这艘舰船上的管带（即舰长）。

当邓世昌指挥致远舰冲锋直进时，舰首、舰尾大炮齐放，击中敌舰多艘。这时，日本海军吉野号等四舰正驶到定远号的前方，并向定远号进逼。为保护旗舰，邓世昌指挥致远舰开足马力，驶在定远号之前，迎战来敌。致远舰陷于四艘敌舰的包围之中，仍然意气自若，毫不退缩。邓世昌勇敢果决的举动，极大地鼓舞了全舰将士。

交战约一小时，致远号多处中弹，水线下受伤，舰身倾斜，势将沉没。在这危急关头，邓世昌激励将士，说："吾辈从军卫国，早置生死于度外，今日之事，有死而已！"这时，致远号和吉野号相遇。邓世昌见吉野号横行无忌，义愤填膺，准备与它同归于尽，以解救旗舰定远号。邓世昌满怀信心地对大副说，敌舰队就靠着吉野号逞凶，如果把它打沉了，那么这一仗一定能打赢。于是，他立即下令："最高速，向吉野号冲！"顿时，视死如归的爱国官兵发出的怒吼声在黄海上空回荡。

邓世昌冒着敌人密集的炮火跨上舰桥。这时，舰身已严重倾斜。他紧握着舵轮，充满仇恨的目光射向吉野号。致远号迅猛地冲向吉野号，甲板上的水兵们面向祖国的方向跪着，他们决心与敌舰吉野号同归于尽。

敌舰发现了这一情况，集中炮火轰击致远号。致远号甲板上起了火，周围升起了无数的水柱。致远号像一条火龙在弹雨中向吉野号冲去。

眼见这条火龙越来越近，吉野号上的日本司令官手足无措，急得团团转。就在这时，日本吉野号情急之下发射的一枚鱼雷击中了致远号。致远号锅炉爆炸，舰上燃起了大火，邓世昌坠落海中。

邓世昌的随从刘忠递给他救生圈，他坚决不接，慷慨地说："事已至此，誓不独生！”这时，他所养的爱犬游到他身边，叼住他的发辫，使他不下沉。誓与舰共存亡的邓世昌，毅然用手把狗按入水中，自己也随之沉没，彼时他年仅46岁。全舰200多名将士，除27人获救外，全部壮烈牺牲。

詹天佑为国争光

许多外国人露骨地宣称中国工程师不能担当京张线的石方和山洞的艰巨工程，但是我坚持我的工程。

——詹天佑

詹天佑，号眷诚，字达朝，中国近代铁路工程专家，原籍安徽婺源（今属江西），生于广东南海。12岁时留学美国，1878年考入耶鲁大学土木工程系，专习铁路工程，毕业论文为《码头起重机研究》，后获得哲学学士学位。1905年5月，詹天佑被清政府委任为京张铁路（起始自北京丰台柳村，经居庸关、八达岭、河北的沙城、宣化至张家口）总工程师。

京张铁路虽然总长约200千米，但要经过内外长城间的燕山山脉，崇山峻岭都成了拦路虎，其中“关沟段”最为险峻，工程极其艰巨。

詹天佑负责修建京张铁路的消息传开了，那些早就觊觎建造京张铁路利权的帝国主义分子挖苦说：“中国能开凿‘关沟段’的工程师，还在娘胎里没出生呢。中国人想不靠外国人，就算是梦想，至少还有 50 年。”他们甚至出言不逊，称詹天佑担任总工程师是狂妄自大，自不量力。当时国内也有人对詹天佑大泼冷水。

詹天佑顶住了来自国内外的怀疑和中伤，把压力化为了动力。他激愤地说：“中国地大物博，而于一路之工必须借重外人，我以为耻！”1906 年 10 月 24 日，他给在美国求学时的老师诺索布夫人写信，表明了自己的决心和信念：“中国已经醒过来了，中国人要用自己的工程师和自己的钱来建造铁路。我好像是列在最前列的工程师。中外人士都在关注我所主持的京张工程，如果京张工程失败的话，不但是我的不幸、中国工程师的不幸，同时带给中国很大的损失。”

为了寻找一条理想的工程线路，詹天佑多方面寻求文字资料，亲自访问当地居民，还常常冒着塞外的凛冽寒风和满天尘沙，骑着小毛驴在崎岖的山径上奔波；白天背着仪器翻山越岭，晚上伏在油灯下绘图计算。他曾经测量了三条路线，几乎走遍了整个京张铁路工程地区。

为了攻克“关沟段”的险阻，詹天佑把工程师办事处搬到了工地，与工作人员同甘共苦，并肩战斗。为了保证隧道的施工质量，他总是亲自把关，对定线、定位，甚至于对每个炮眼的直径、距离和位置，都亲自过目，一丝不苟，精益求精。

在开凿号称“天险”的八达岭隧道工程中，他经过反复勘测，决定因地制宜，采取分段施工法，精心设计出分别从两端向中间同时凿进和中距离凿进（即在洞身中段开一口大井，并向洞的两端开凿）的不同方法。

为了克服陡坡的险阻，保证列车能安全地爬上八达岭，詹天佑匠心独运，创造性地运用“折返线”原理，在山多坡陡的青龙桥地段，设计出一段“人”字形线路。这样，减少了隧道的长度，降低了坡度，列车开到这里，配备两台大马力机车，一拉一推，保证了安全爬上陡坡。

为了保证将来铁路事业的发展，詹天佑毅然拒绝采用外国的窄轨，在京张铁路上一律采用1.435米的国际标准轨距。詹天佑为了珍惜有限的建设资金，处处精打细算，厉行节约。他坚决主张自力更生，根据山区筑路的特点，就地取材，设计了许多具有民族特色、宏伟可观的石拱桥，不仅节省了钢材，还大大降低了工程造价。

京张铁路经过工人们几年的奋斗，终于在1909年9月全线通车。原计划6年完成，结果只用了4年就提前完工，工程费用只及外国人估价的五分之一。京张铁路建成后，詹天佑获宣统赐工科进士，任留学生主试官等职。

第四章 平天下

弦高犒师救国

> 卓哉弦高子，商隐独摽奇。效谋全郑国，矫命犒秦师。赏神义不受，存公灭其私。虚心贵无名，远迹居九夷。
>
> ——吴筠

弦高，春秋时郑国商人，经常来往于各国之间做生意。他具有高尚的爱国情操，为郑国的安定做出了很大的贡献。郑穆公元年（公元前 627 年），晋文公、郑文公相继去世，一心称霸的秦穆公任命孟明视、西乞术、白乙丙为主将，集合了 300 辆兵车，偷偷地去攻打郑国。三位将军率领大军往东前进，来到了与郑国交界的滑国。

突然，前边有人拦住大军的去路，大声喊道：“郑国使臣弦高，求见将军！”孟明视大吃一惊，

心想：“郑国怎么会派使臣到这儿来呢？”

其实，弦高只是郑国的一个贩牛商人。他赶着一群牛到洛阳去贩卖，路上遇到一位朋友。从这位朋友的口中，弦高得到秦国已经派兵进攻郑国的消息。他知道郑文公刚死，国内一定没有准备。于是弦高便急中生智，一面通知传递公文的驿站回国报信，一面挑选了4张牛皮和12头肥牛，亲自赶着，朝秦军来的方向迎上去。

孟明视见到弦高，心中疑惑，问道：“你到这儿来干什么？”弦高说：“我们国君听说将军带兵将到郑国来，特意派我前来慰劳，先送上这4张牛皮和12头肥牛做慰劳品，表达我们的一点儿心意。”

孟明视听说郑国已经得到秦军前来偷袭的消息，心里暗暗吃惊，只得一边叫人收下慰劳品，一边顺水推舟地说：“我军是前来帮助郑国抵御晋国侵犯的。”弦高说：“我们郑国夹在秦晋两个大国中间，为了自己的安全，日夜小心地防守着，要是有谁来侵犯我国，我国不会让他得到什么好处的！请将军放心。”孟明视想了一会儿，只好改口说：“我们这次来，是攻打滑国的，跟你们郑国没有关系。”说完，他就把弦高送走了。

接着，孟明视只好下令攻打滑国。西乞术和白乙丙两个人闹不明白孟明视为什么突然改变作战意图和攻击目标。孟明视就将弦高一事讲与他们听，并认为郑国已经得到消息，早就做了防御的准备，所以没有偷袭成功的希望。这样冒冒失失地去攻打郑国，不但打不了胜仗，可能还要上当吃亏，不如改变攻击对象，去攻打滑国，抢些财物回去交差，也算没白跑一趟。

西乞术和白乙丙二人弄清了孟明视的意图，便欣然同意。于是，秦军一举攻破了滑城，灭掉了滑国。

这位贩牛商人弦高，在自己的国家突遭偷袭时，拿出自己的财物，去“慰劳”秦军，借机揭穿对方的阴谋，从而挽救了自己的国家和人民免受侵略和涂炭，立下了不朽的功劳。弦高的这种爱国精神值得后世学习！

毛遂自荐

公子求贤未识真，欲将毛遂比常伦。当时不及三千客，今日何如十九人。

——高拯

毛遂，战国时期人，年轻时游赵国，身为赵公子平原君赵胜的门客，居平原君处 3 年未得崭露锋芒。然而，赵孝成王九年（公元前 257 年）他自荐出使楚国，促成楚、赵合纵，声威大震，并获得了“三寸之舌，强于百万之师”的美誉。

在战国的时候，有权有钱的人很喜欢供养一些有才能的人，以增强自己的势力，在有事或需要有人提出意见的时候，就让他们策划谋略，替自己解决问题。这样的人被称作食客，也叫门下客。赵国的宰相平原君势力庞大，家中养了几千名食客。其中有位叫毛遂的食客，待了 3 年都没有什么特别的贡献。平原君虽然觉得很奇怪，却也没有埋怨，任由他在家中吃住。

后来秦军在长平一线，大胜赵军。秦军主将白起，领兵乘胜追击，包围了赵国都城邯郸。大敌当前，赵国形势万分危急。平原君奉赵王之命，去楚国求兵解围。平原君把门客召集起来，挑选 20 个文武全才的门客一起去。经过挑选，最后还缺一个人。

门下那个叫毛遂的人走上前来，向平原君自我推荐说：“听说先生将要到楚国去签订合纵盟约，约定与门客 20 人一同前往，而且不到外边去寻找，可是还少一个人，希望先生就以毛遂凑足人数出发吧！”

平原君说：“先生来到赵胜门下几年了？”毛遂说：“3 年了。”平原君说：“贤能的人处在世界上，就好比锥子处在囊中，它的尖梢立即就要显现出来。如今，你处在赵胜的门下已经 3 年了，左右的人们对你没有称道，赵胜也没听到赞语，这是因为先生没有什么才能的缘故。所以先生不能一道前往，请留下！”

毛遂说：“我只是今天才请求进到囊中罢了，要是我早就处在囊中的话，就会像锥子那样，整个锋芒都会露出来，而不仅是尖梢露出来。”平原君很欣赏毛遂的气魄，终于同意让他一道前往楚国。

到了楚国，楚王只接见平原君一个人。两人坐在殿上，从早晨谈到中午，还没有结果。毛遂大步跨上台阶，远远地大声叫起来：“出兵的事，非利即害，非害即利，简单而又明白，为何议而不决？”

楚王非常恼火，问平原君：“此人是谁？”平原君答道：“此人名叫毛遂，乃是我的门客！”楚王喝道：“赶紧退下！我和你主人说话，你来干什么？”毛遂见楚王发怒，不但不退下，反而又走上几个台阶。他手按宝剑，说：“如今十步之内，大王性命在我手中！”楚王见毛遂那么勇敢，没有再呵斥他，就听毛遂讲话。毛遂就把出兵援赵有利楚国的道理做了精辟的分析。毛遂的一番话，说得楚王心悦诚服，答应马上出兵。没过几天，楚、魏等国联合出兵援赵，秦军撤退了。

平原君回赵后，待毛遂为上宾。他很感叹地说：“毛先生以三寸之舌，强于百万之师。”

荆轲刺秦王

风萧萧兮易水寒，壮士一去兮不复还。

——荆轲

荆轲，亦称“荆卿”“庆卿”，战国时期卫国人，刺客。公元前 227 年，荆轲受燕太子丹所托，前往咸阳刺杀秦王，不成，被杀。

秦王嬴政一心想统一中原，不断向各国进攻。他破坏了燕国和赵国的联盟，使燕国丢了好几座城。

燕国的太子丹原来留在秦国当人质，因为恨透了秦国，他偷偷逃回了燕国，并决心报仇。他既不操练兵马，也不寄希望于联络诸侯共同抗秦，而是把家产全拿出来，找寻能刺杀秦王嬴政的人。

后来，太子丹物色到了一个很有本领的勇士，名叫荆轲。

太子丹找到荆轲，要他去刺杀秦王。荆轲说："行是行，但要挨近秦王身边，必定得先叫他相信我们是向他求和的。听说秦王早想得到燕国最肥沃的土地督亢；还有，秦国将军樊於期，现在流亡在燕国，秦王正在悬赏通缉他。我要是能拿着樊将军的头和督亢的地图去献给秦王，他一定会接见我。这样，我就可以对付他了。"

荆轲知道太子丹心里不忍杀掉樊於期，就私下去找樊於期。他对樊於期说："我有一个主意，能帮助燕国解除祸患，还能替将军报仇，可就是说不出口。"樊於期连忙问："什么主意？你快说啊！"荆轲说："我决定去秦国行刺，怕的就是见不到秦王的面。现在秦王正在悬赏通缉你，如果我能够带着你的头颅去献给他，他准能接见我。"樊於期说："好，你就拿去吧！"说着，樊於期就拔出宝剑自杀了。

太子丹事前准备了一把锋利的匕首，叫工匠用毒药煮炼过，谁被这把匕首刺出一滴血，都会立刻气绝身亡。他把这把匕首送给荆轲，作为行刺的武器，又派了个12岁时便杀过人的勇士秦舞阳，做荆轲的副手。

公元前227年，荆轲从燕国出发到咸阳去。太子丹和高渐离等人白衣白帽，到易水边送别。临行的时候，荆轲给大家唱了一首歌："风萧萧兮易水寒，壮士一去兮不复还。"荆轲跳上车，头也不回地走了。

荆轲到了咸阳。秦王嬴政一听燕国派使者把樊於期的头颅和督亢的地图都送来了，十分高兴，立刻在咸阳宫接见荆轲。

朝见的仪式开始了。荆轲捧着装了樊於期头颅的匣子，秦舞阳捧着督亢的地图，一步步走上秦国朝堂的台阶。秦舞阳一见秦国朝堂那副威严的样子，不由得害怕得发起抖来。秦王嬴政左右的侍卫一见，吆喝了一声，说："使者怎么变了脸色？"

荆轲回头一瞧，果然见秦舞阳的脸又青又白，就赔笑对秦王说："粗野的人，从来没见过大王的威严，免不了有点儿害怕，请大王原谅。"秦王嬴政毕竟有点儿怀疑，对荆轲说："叫秦舞阳把地图给你，你一个人上来吧。"

荆轲从秦舞阳手里接过地图，捧着木匣上去，献给秦王嬴政。秦王嬴政打开木匣，果然是樊於期的头颅。秦王嬴政又叫荆轲拿地图来。荆轲把一卷地图慢慢打开，到地图全都打开时，荆轲预先卷在地图里的一把匕首就露出来了。

秦王嬴政一见，惊得跳了起来。荆轲连忙抓起匕首，左手拉住秦王嬴政的袖子，右手把匕首向秦王嬴政的胸口直扎过去。秦王嬴政使劲地向后一转身，把那只袖子挣断了。荆轲拿着匕首追了上来，秦王嬴政一见跑不了，就绕着朝堂上的大铜柱子跑。荆轲紧紧地逼着，两个人像走马灯似的直转悠。旁边虽然有许多官员，但是都手无寸铁；台阶下的武士，按秦国的规矩，没有秦王命令是不准上殿的，大家都急得六神无主，也没有人召唤台下的武士。

官员中有个伺候秦王嬴政的医生，叫夏无且，他急中生智，拿起手里的药袋对准荆轲扔了过去。荆轲用手一扬，那只药袋就飞到一边去了。这时，左右大臣提醒秦王嬴政道："把剑推到背后，把剑推到背后。"秦王嬴政遂将宝剑推到背后，再往前一步，拔出宝剑，砍断了荆轲的左腿。荆轲站立不住，倒在地上，他拿匕首直向秦王嬴政扔过去。秦王嬴政往右边一闪，那把匕首就从他耳边飞过去，扎在铜柱子上，"嘣"的一声，直迸火星儿。秦王嬴政见荆轲手里没有武器，又上前向荆轲砍了几剑。荆轲身上受了8处剑伤，他知道自己已经失败，于是张开双腿坐在地上，傲慢地说："我之所以没有早下手，是想活生生地劫持你，一定要得到约契来回报燕太子。"这时候，秦王的武士已经赶上殿来，结果了荆轲的性命。

为了燕国的黎民百姓，荆轲献出了自己的生命，这种崇高的爱国精神为后世所景仰。

将相和

海纳百川，有容乃大；壁立千仞，无欲则刚。

——林则徐

蔺相如，是战国时期著名的政治家、外交家。

将相和，讲的就是战国时代赵国大臣蔺相如和廉颇从失和到成为生死之交的故事。

相传，秦昭王听说赵惠文王得到了一块价值连城的宝玉和氏璧，便写信给他，声称愿以 15 座城池交换。当时，秦强赵弱，赵国给吧，15 座城池是得不到的，和氏璧不过白白拱手相送罢了；不给，又怕秦国派兵来攻打。赵王和大将军廉颇等大臣反复商量，都没有好办法。

这时，有人推荐有勇有谋的蔺相如出使秦国。蔺相如不畏强暴，运用他的勇敢和智谋，巧妙地同秦昭王周旋，终于完璧归赵，挫败了秦国的阴谋，捍卫了赵国的尊严。

后来，秦昭王强迫赵惠文王到渑池相会。廉颇和蔺相如经过反复商量，决定由廉颇留守，做好军事准备，而蔺相如陪同赵王赴会。

渑池会上，秦昭王有意羞辱赵王，借着酒意说道："寡人听说赵王爱好音乐，请鼓瑟一曲。"赵王没有办法，只得为秦王鼓瑟。秦国的御史立即记载道："某年某月某日，秦王与赵王在一起宴饮，命令赵王鼓瑟！"

蔺相如见赵王受辱，便要求秦王击缶，以助酒兴。秦王当然不愿意，蔺相如威胁说："如今我离大王不过五步，如果大王不愿击缶，我就让自己的颈血溅到大王身上！"秦王的侍从要杀蔺相如，蔺相如睁大眼睛，一声大喝，他们都被吓退了。秦王没有办法，只得击起缶来。

蔺相如召唤赵国的御史写道："某年某月某日，秦王为赵王击缶！”这时，秦国的大臣气势汹汹地说道：“请赵国献出15座城池，为秦王祝寿。”蔺相如不甘示弱地回答道：“请秦国把都城咸阳作为寿礼送给赵王。”

就这样，蔺相如在渑池会上与秦王君臣针锋相对，斗智斗勇，廉颇在国内严阵以待，终于挫败了秦国使赵国屈服的野心。

蔺相如由于屡立大功，被封为上卿。廉颇是一位身经百战的大将，对此极为不满。他说：“我身为赵国大将，一次次立下攻城略地的大功。蔺相如不过能说会道罢了，位置却比我还高。再说他的地位素来低贱，这令我感到羞耻，我不甘心低他一头！”他公开宣扬：“看我碰上蔺相如，非羞辱他一番不可！”

蔺相如听到后，为了顾全大局，便尽量设法避让。蔺相如手下的人不服气，劝道：“我们跟着您，是因为您深明大义。如今您与他职位相当，他对您那样恶言恶语，您却处处忍让，连常人也会感到羞耻，何况是将相！”

蔺相如劝他们，问道：“廉将军同秦王比谁更厉害？”

“那当然是秦王厉害。”手下人说。

“以秦王那种赫赫威势，我也曾当庭斥责他，狠狠教训过他的文武大臣。我连秦王都不怕，难道会怕廉将军吗？我只是考虑到秦国那样强大，却不敢出兵攻打赵国，就因为有我和廉将军在。如果我们两人不和，就像两虎相争一般，势必两败俱伤。我所以处处忍让，是因为把国家大事放在首位，不愿为了个人恩怨妨碍大局啊！”

这些话传到廉颇那里，老将军惭愧得无地自容，他身背荆条来到蔺相如家门口请罪。他真诚地向蔺相如说道：“我真是个鄙陋之人，不知道您的胸怀这样宽广！”

于是，两人前嫌尽释，结成了生死之交。他们齐心协力，使赵国一度强盛起来。

班超投笔从戎

不入虎穴，焉得虎子？

——班超

班超，字仲升，东汉扶风安陵（今陕西咸阳市东北）人。班超为人有大志，不修细节，但内心孝敬恭谨，审察事理。他曾出使西域，为平定西域，促进民族融合，做出了巨大贡献。

汉明帝永平五年（公元62年），班超的哥哥班固受朝廷征召前往洛阳担任校书郎，班超便和母亲一起随哥哥来到洛阳。因为家中贫寒，他常常受官府所雇以抄书来谋生糊口。他每日伏案挥毫，曾经停止工作，将笔扔置一旁叹息道："身为大丈夫，虽没有什么突出的计谋才略，但总应该学学在国外建功立业的傅介子和张骞在西域立功，以封侯晋爵，怎么能够老是干这笔墨营生呢？"周围的同事们听了这话都笑他。班超便说道："凡夫俗子又怎能理解志士仁人的襟怀呢？"

父亲班彪看出了班超的想法，便问他的志向是什么。班超说："我的心愿是领兵打仗，最好像博望侯张骞那样率队出使西域！"父亲非常欣慰，语重心长地对他说："你有远大的志向，这一点我非常高兴，但你要记住，做任何事情都不能心浮气躁，只有踏踏实实，打好基础，机会来时，你才不会错过。"不久，班超果然投笔从戎，跟随猛将窦固与匈奴作战，立下战功，成为一名年轻的将军。

汉明帝得知匈奴被驱赶到漠北边境时，大为宽慰，对窦固和班超大加赞扬，并且封班超为"假司马"。汉明帝主张罢兵，就此停止对匈奴作战，可班超却认为，现在匈奴虽然已经逃走，但还经常骚扰边境，他担心一旦给匈奴喘息的机会，他们就会卷土重来，到那时，后果将不堪设想！朝廷询问班超如何办才好，班超回答说："漠北离我们中原有万里之遥，出兵很难，当务之急是派出使节，联合漠北诸国，共同抵抗匈奴。臣愿意出使西域！”于是东汉政府派班超带领 36 人出使西域。

班超第一站来到鄯善国。鄯善国的国王盛情款待了班超一行人，班超对他痛陈利害关系。国王经过深思熟虑，表示愿意联合西域各诸侯国共同抗击匈奴，班超很是高兴。席间，一个官员突然急匆匆地赶到国王身边，低声耳语了几句，国王的脸色立刻变得紧张起来，随后匆匆地走了。班超一行人感到非常不解。过了不久，国王又回来了，让士兵将鄯善的服装发给班超等一行人，众人才心安称谢。可是此后一连三天，班超去求见国王签署和约，却总是被国王以生病为由拒之门外。班超仔细地回想起那晚的情景及国王慌张的神色，觉得其中必有蹊跷，于是暗中派人去调查。

原来，在鄯善国王宫中，匈奴使者突然到来，责问国王是否收留了汉朝的使者。国王佯装不知，暗中派人催促班超等人回国，如果不从，

就要对他们下手，鄯善国宁愿得罪汉朝，也不得罪匈奴。

在这种情况下，班超决定带领大家连夜突袭匈奴使者的营地，一举消灭他们，这样鄯善国才会与汉朝和好。入夜，班超率36名随从用火攻偷袭匈奴营地，匈奴人除一人逃脱外，其余都被烧死了。

随后，班超率众闯进宫殿，巧用妙招威胁国王，国王自知已经无退路，只好在盟书上签字、落印，与汉朝结为盟友。

投笔从戎的班超利用自己的智慧和勇敢保卫了国家的利益，深受人们尊敬。

昭君出塞

千载琵琶作胡语，分明怨恨曲中论。

——杜甫

王昭君，名嫱，字昭君，中国古代四大美人之一，西汉南郡秭归（今属湖北省）人。

西汉王朝建立初期，对北方的匈奴实行和亲政策。汉武帝时，曾三次举兵与匈奴大战，匈奴元气大伤，从此一蹶不振。公元前57年，汉宣帝在位时期，匈奴发生内讧，两个单于相互争夺权力，最后郅支单于占领了漠北广大地区，而呼韩邪单于占据了漠南地区，从此，形成了南北对峙的局面。呼韩邪单于是匈奴的第14位单于，他才华出众，并受到匈奴各阶层的尊重和爱戴。

为了重振匈奴，呼韩邪单于带兵南移归附了汉朝，同汉朝确立了君臣关系，从而结束了匈奴政权与西汉王朝之间长达150多年的对立状态。那时匈奴呼韩邪单于曾两次到中原朝见，公元前33年，他第三次入汉朝，除表示称臣友好外，还要求与汉朝和亲。汉元帝虽然同意了呼韩邪单于的请求，却不打算将真的公主下嫁，而是决定挑选一个宫女当作公主嫁给他。

消息传开，宫女们听说要离开长安嫁到匈奴去，都不愿意去。深居内宫且颇有见识的王昭君，主动提出愿离开汉宫远嫁匈奴，担当和亲使者的重任。难得昭君识大体，肯远嫁匈奴，汉元帝非常高兴，就吩咐几个大臣专门办理喜事，为她准备了许多嫁妆，还择了个日子，让呼韩邪单于和王昭君在长安成亲。

到了结婚那天，昭君淡扫蛾眉，薄施粉黛，显得格外风姿多彩，楚楚动人。汉元帝见昭君如此美貌超众，不由大吃一惊，后悔不该把她嫁给匈奴，但他又不好反悔，只好哑巴吃黄连了。呼韩邪单于得到这样一个年轻美貌的妻子，打心眼儿里感谢元帝。他还上书表示：要世代修好，永不侵犯。这一年，汉元帝把年号改为“竟宁”，意思是边境永远

安宁。

昭君嫁给呼韩邪单于后，来到了匈奴居住的塞外，并生下一子。后来呼韩邪单于死了，他的儿子复株累单于继位，他按匈奴习俗把王昭君作为妻子，此后昭君又生了两个女儿。

昭君出塞，在汉朝和匈奴的友好关系中，起到了积极的促进作用。中原地区先进的农业生产技术和丰富的物产被带入匈奴，塞外匈奴盛产的牲畜及畜产品也源源不断地被带入中原内地，汉匈之间经济文化交往和友好关系出现了一个崭新的局面。昭君出塞后的五六年间，出现了“边城晏闭，牛马布野，三世无犬吠之警，黎庶无干戈之役”的和平繁荣景象。

王昭君作为和平友好的使者，远离自己的家乡，长期定居在匈奴，她劝呼韩邪单于不要发动战争，在促进并维护汉匈友好关系上又做出了巨大贡献。她和匈奴人民相处得很好，匈奴人都喜欢她，因而她受到塞外人们极大的敬重，至今内蒙古地区仍流传着许多关于她的美好传说。

在王昭君的推动下，匈奴和汉朝和睦相处，60多年没打仗，留下了“昭君出塞”的历史佳话。昭君最后死在匈奴，传说现在的内蒙古自治区呼和浩特市南大黑河畔的“青冢”就是昭君墓。

王羲之和《与谢安书》

蜀中山水，如峨眉山夏含霜雹，昆仑之伯仲也。

——王羲之

东晋有王姓、谢姓两大望族。王羲之是东晋开国元勋丞相王导的侄儿，太尉郗鉴的东床快婿。他师从钟繇学正书，从张芝学草书，从卫夫人学笔法，博采众长，自成一家，变汉魏以来之质朴书风，开创了妍美流利的新体。

晋时，士族制度盛行，纨绔子弟以奢靡生活自夸，德行败坏，寡廉鲜耻，而同样为士族出身的王羲之却淡泊名利，刚正不阿。朝廷屡次征召他为侍中、吏部尚书，他都迟迟未去上任，后来实在推托不掉，担任了右军将军和会稽内史等官职，在任期间为百姓做了不少好事。

晋代贵族子弟信奉老庄，喜欢游山玩水，高谈阔论。有一天，谢安邀请王羲之到吴国铸炼遗址冶城观光。登上冶城最高处，谢安心旷神怡，遥望天际浮云，大谈老庄复归自然的哲理。这时，王羲之看到山下由战乱而遗留的诸多荒冢，他毫无雅兴，便说："夏禹治水，手足长满老茧；周文王日夜料理国家大事，饭都顾不上吃。眼看如今世道，处处哀鸿遍野，正是急需效仿大禹、文王为百姓出力的时候，夸夸而谈玄奥的哲理，恐怕并非社稷所需吧！"谢安笑答："秦始皇禁绝言论，二世而亡，这难道是清谈造成的灾祸吗？"二人辩论了许久，谁也说服不了谁。

与谢安分手后，王羲之路过蔚山脚下时，迎面蹒跚走来一位老妇，手捧十余把六角竹扇，用乞求的声音说："行行好，买把扇子吧，只要两文钱。"王羲之见老妇面黄肌瘦，眼神凄凉，恻隐之心油然而生，问道："老人家为何独自出门卖扇？"老妇人答："我住在郭村，本来有三个儿子。老大、老二前年被抓去当兵，客死他乡；去年小儿子也被官府征去运送军粮，从此杳无音信。现在，我孤身一人，为了维持生计，只能靠家传的编竹手艺为生，夏日卖扇，冬日卖篮，勉强糊口。”王羲之听完后，欲以金银接济她，无奈此时囊中羞涩，他忘记带钱了。

“请随我来。”老妇以为他要买扇，便随他走。走到前面测字摊旁，王羲之借笔墨在每把竹扇上写了 5 个字，转身对老妇说：“你拿去叫卖，喊‘王右军题写的扇子，每把一百钱’！”老妇一看急了：“扇子涂黑了，我还怎么卖得出去？你赔我的扇子。”测字先生虽未见过王羲之，但闻名如雷贯耳，又见字体如此遒劲洒脱，便道：“倘若真是右军题字，就算十两银子也有人买，你先拿去试试吧！”

老妇半信半疑，接过竹扇后，拿到附近叫卖。正巧一群书生路过，听到叫卖王右军的扇面字，全都围了过看，见扇面字迹尚未干透，字字百态横生，灿然悦目，果真是王羲之的笔迹，十余把扇子被一抢而空。

王羲之回家后，久久不能平静，那位老妇人的遭遇使他不禁潸然泪下，忧从中来，他挥毫泼墨，将满腔思绪都倾注于一封书信中。信中历数战乱、徭役、苛捐杂税给广大百姓带来的深重灾难，提出减轻田赋、统一法令、严惩贪官等合理建议，这就是著名的《与谢安书》。

陈寿公正写史

诚者，天之道也；诚之者，人之道也。

——《孟子》

陈寿，字承祚，安汉（今四川南充市北）人，从小就对历史著作表现出特别的兴趣，先后读过《尚书》《春秋》和《史记》等名著，对史书的写作方法尤为擅长。

公元280年，西晋灭吴，中国经历了百余年的分裂，重新走向统一。为了政治上的需要，记录和总结三国时期的历史成为当时的一项重要任务。此时，史学家陈寿受皇帝之命开始撰写《三国志》。在他撰写的过程中，还曾发生过一个有趣的小插曲。

原来，《三国志》写到该为诸葛亮立传的时候了。大家都知道

三国时期失街亭的故事：蜀将马谡因不听军令，刚愎自用，失了街亭，诸葛亮忍痛将他处斩。当时，陈寿的父亲在马谡手下做参军，根据过失被处以髡刑。髡刑虽然只是割去头发，但在那个年代，可是非常重的刑罚了。

陈寿的父亲受了髡刑后，一直郁郁寡欢，不久病逝。从此，陈

家家道败落，一蹶不振。这一年，陈寿刚满 1 岁。陈寿从懂事起，就知道家里人对诸葛亮有怨恨。一想到父亲的死和之后全家人颠沛流离，受尽了人间磨难，陈寿的心里不免对诸葛亮记恨起来。可是，作为史官，将诸葛亮在历史上的丰功伟绩如实写出来又是他的责任。此时，他心如乱麻，无法下笔。

正巧陈寿的一个好朋友知道了这件事，立即找上门来问他："人们都称赞司马迁的《史记》，说它正直公允，准确无误，不假意赞美，不隐瞒丑恶，你这部《三国志》是否也能如此呢？"

听了朋友的话，陈寿一下子醒悟过来：是啊，作为一个历史学家，首先要做到的就是尊重事实。当年司马迁为了尊重事实，不惜得罪皇上，为李陵辩护。现在，我难道能为自己私人的恩怨而歪曲历史吗？不尊重事实，那我不是成了千古罪人了吗？想到这一切，陈寿的脸都羞红了。

解开了心中的结，陈寿的思路豁然开朗，诸葛亮的形象在他心中越来越鲜明、立体、高大。他在书中这样写道："诸葛亮之为相国（丞相）也，抚（爱抚体恤）百姓，示仪轨（崇尚礼仪规范），约官职（精兵简政），从权制（依法办事），开诚心（以诚待人），布公道；尽忠益时（有益于社会时代的）者虽仇（仇敌）必赏，犯法怠慢者虽亲（亲近的人）必罚……"陈寿对诸葛亮这样的评价是非常公正的，他在内心深处完全站在了诸葛亮这边，肯定了对他父亲和马谡的处罚。"犯法怠慢者虽亲必罚"，当年的诸葛亮斩马谡时，不也是痛哭着执行的吗？

不久，《诸葛亮传》写成了。陈寿还特地把这篇文章拿去给朋友们看，请他们提出修改意见，生怕自己有写得不公正的地方。陈寿的《三国志》共 65 卷，《诸葛亮传》成为其中最精彩的一篇。

豁达明理的长孙皇后

后孝事高祖，恭顺妃嫔，尽力弥缝，以存内助。

——《旧唐书》

长孙皇后，小字观音婢，是唐太宗李世民的结发妻子，他们曾经同生死共患难。李世民当了皇帝后，她自然也就成了皇后，也成了史上著名的贤后。

长孙皇后是北魏皇族拓跋氏之后。其生父长孙晟是隋右骁卫将军、著名外交家，平突厥之功臣；其生母高氏，为北齐皇族后裔，名臣高士廉之妹。长孙皇后生长在这样一个官宦世家，自幼接受着正统教育，形成了知书达理、贤淑温柔的品性。正是长孙皇后这种与生俱来的贤淑品德，才使得她掌管的后宫风平浪静，井井有条。后宫的稳定，充分保证了唐太宗可以全无后顾之忧地治理天下。

对于后族势力，长孙皇后表现出非同一般的谨慎态度，成了后来历朝历代传颂的佳话。其兄长孙无忌是开国元勋，为李世民登上皇位做出过重大贡献，因此官拜尚书右仆射（相当于宰相）。对此，长孙皇后坚决反对，多次对唐太宗说："我身为皇后，尊贵已极，实不愿兄弟子侄布列朝廷。"唐太宗没有同意。她便说服兄长，坚决要求从显要位置上退下来。

长孙皇后的这种理性不仅表现在对待长孙家族的事情上，更体现在对待朝廷股肱之臣的态度上。唐太宗当政时期从谏如流，魏徵以直言敢谏著称。这里面，长孙皇后起了重要的作用。她曾经恳切地对李世民说："魏徵能够用道义来约束感情，是一位社稷之臣。我身为皇后，与你情深义重，说话还要看你脸色，不敢轻犯陛下威严。何况魏徵是人臣，真不容易！俗话说，忠言逆耳利于行。得天下的人，应当勇于纳谏，这样社会就会安宁。如果拒绝纳谏，国政便会混乱。陛下记住这一点，将是国家的幸运！”长孙皇后以其独特的人格魅力赢得了后宫众嫔妃和朝廷大臣们的一致赞誉。

然而，长孙皇后却因长期操劳而身染重疾。朝中许多人请求大赦天下，度人为僧，说是可以修积功德，延长生命。但长孙皇后拒绝了，说：“生死是一种自然现象，不是人力可以挽回的。如果修福可以延寿，那我一向没有做过坏事。如果做了好事都活不长，靠做功德又有何用？况且大赦是国家大政，允许佛教存在不过是表示对异国宗教的宽宏大量，怎么能为我这样一个妇人而乱了天下法度呢？”

贞观十年（公元636年）六月，长孙皇后病逝于立政殿，享年36岁。临终前，长孙皇后因担心唐太宗听信谗言而亲小人，远君子，因此，她留下了三条遗嘱：

遗嘱一：亲君子，远小人，纳忠谏，屏谗慝；玄龄久事陛下，预奇计秘谋，非大故，愿勿置也。

遗嘱二：妾之本宗，幸缘姻戚，既非德举，易履危机，其保全永久，慎勿处之权要。

遗嘱三：妾生既无益于时，今死不可厚葬。且葬者藏也，欲人之不见。自古圣贤，皆崇俭薄，唯无道之世，大起山陵，劳费天下，为有识者笑。但请因山而葬，无须起坟，无用棺椁，所须器服，皆以木瓦，俭薄送终，则是不忘妾也。

这三条遗嘱，对唐朝未来的变化有很高的政治预见性，而历史也证明长孙皇后的这三条遗嘱在不久之后全部变成了现实。

长孙皇后的事迹为天下人所称颂，“母仪天下”四个字在她身上得到了最好的体现，从此她成了中国历史上名声非常好、地位非常高的皇后。

狄仁杰公正执法

心苟至公，人将大同。

——姚崇

狄仁杰，唐代并州太原（今山西太原）人，应试明经科及第，从而步入仕途。从政后，经历了唐高宗与武则天两个时代。他初任并州都督府法曹，唐高宗仪凤年间，升任大理丞。

狄仁杰为人刚正廉明，公正执法，兢兢业业，一年中便处理了前任遗留下来的全部案子，涉案人员达 17 000 人之多，没有一个诉冤的。为此，狄仁杰一时声名大振，成为朝野推崇备至的断案如神、扶善除恶的大法官。

一次，武卫大将军权善才在唐太宗李世民陵园内误砍了一株柏树。唐高宗大怒，下令将其斩首。狄仁杰得悉后，经过实地调查后，向唐高宗上奏了对权善才给予免职的奏议。唐高宗看后更加气愤，将权善才改为诛杀，命令狄仁杰立即执行。但狄仁杰坚持认为皇上量刑过重，权善才罪不当死。唐高宗很不高兴，疾言厉色地说道："权善才敢砍朕祖先陵墓上的树，他要让朕背上不孝的恶名，必须处死他！"

狄仁杰依然据理力争，同僚们都劝阻他，让他赶紧执行皇上的命令，狄仁杰坦然地说道："犯颜直谏，自古以来都被人们认为是件极难的事。但臣认为遇到尧、舜之君时，这事就容易了。权善才误砍昭陵一棵柏树，法不至死，而陛下却要杀他，这是不顾国家法律，不能取信于民啊！陛下这样做，百姓将如何措其手足啊！今天陛下如果因为昭陵一棵柏树而杀掉一位将军，千载之后，人们将说陛下是什么样的君主呢？因此，臣不敢奉命杀权善才，以致陷陛下于不义。"

唐高宗听后，恍然大悟，理解了狄仁杰这片忠心，下旨照狄仁杰的奏请处置，权善才将军因此免于一死。

后来，狄仁杰升任为文昌右丞。虽然他不再掌管司法刑事，但仍然时刻关心执法情况。河南汝州发生越王李贞叛乱后，朝廷很快将其平息。但在审处这个案件时，受牵连的多达六七百人，被处以家产田宅没收充公的有 5 000 余户。那些被抓、被杀、被扫地出门的人家，女人、孩子、老人哭成一团，情形惨不忍睹。狄仁杰认为这样做过于残酷，于是他冒着包庇叛贼的杀身风险上书高宗，请求唐高宗宽大为怀，体恤百姓，这些人并不全是存心要叛乱的，请给他们一条生路。唐高宗读到奏表后，接受了狄仁杰的意见，从轻发落了那些受株连的人，将死罪改为流放，流放远地的也改为近处。这些受牵连的人对狄仁杰感激涕零，他们到了流放地，还专门树了一块功德碑，称赞狄仁杰的德行。

狄仁杰后来被武则天升任为丞相。一次上朝时，武则天对狄仁杰说："你从前在河南汝州做官时颇有政绩，社会安定，百姓安居乐业，可朝廷中有人向朕反映，说你的坏话，你想知道这事是谁干的吗？"

狄仁杰慌忙叩头谢恩，朝武则天拜了三拜："如果陛下认为臣有过错，臣一定下决心改正；如果陛下认为臣没有过失，那是臣的平生大幸！臣要以此勉励自己，更严格地要求自己。至于说臣坏话的人，臣不想知道是谁，这样，大家今后在一起办事，才容易相处得好。"听了这话，武则天心里对狄仁杰越加敬重了。

鉴真东渡

我们完全可以说，鉴真大师和其弟子的影响遍及日本社会的方方面面。没有鉴真大师，根本就无法想象日本文化会是什么样子。

——钱文忠

鉴真是唐朝僧人，律宗南山宗传人，日本佛教律宗开山祖师，著名医学家。

唐朝文化繁荣，经济发达，吸引邻国日本派了许多遣唐使来学习唐朝文化。荣叡和普照两位僧人就是日本政府派到中国学习佛法的，他们来唐已经十多年了，本应学成归国，但一再滞留。其原因是日本政府让他俩聘请一名中国高僧，去日本建立受戒制度。

唐代时，中国与日本等国的友好往来很频繁，赴日本的使者和僧人也不少，其中影响很大的是鉴真和尚，他可以说是唐代中日友好的代表人物。当时的日本佛教界希望请中国高僧去为日本僧人受戒。著名的律宗僧人鉴真，是他们聘请的理想对象。

鉴真出生于扬州，14 岁时出家做了和尚，22 岁开始就到洛阳、

长安游学，跟随多位有名的佛教大师学习。在名师的熏陶下，勤奋好学的鉴真很快学成，成为江淮地区有名的高僧。他的弟子中有30多人在当时很有名气，他还建造了许多寺院和佛塔，写佛教藏经3部，声名远扬。

公元742年秋天，鉴真正在扬州大明寺讲授佛法，荣叡和普照遵照日本天皇的旨意，专程从长安赶到扬州，参见鉴真并请他前往日本传法。

鉴真认为日本是一个有缘之国，询问弟子有谁愿意前往，弟子们认为大唐与日本之间隔着茫茫大海，路途遥远，着实危险，都不愿冒险。于是鉴真决定亲自东渡，那时鉴真已经55岁。他在年事已高、健康欠佳的情况下，毅然东渡传法的决心感动了弟子们，他们纷纷表示愿意跟随师父一同到日本传法。

鉴真决定东渡后，立即着手准备船只、干粮等。第二年春天，鉴真率领弟子发船东渡。但是，在以后的5年中，由于当时唐朝政府海禁较严，再加上海上自然环境恶劣，经常遭遇风浪，他一连四次渡海都以失败告终：第一次被官方指控为“勾结海盗”，第二、第三次遇到飓风触礁，第四次被官方押送回原籍。

唐天宝七年（公元748年）的春天，荣叡和普照再次来到扬州参拜鉴真，请其进行第五次东渡。61岁高龄的鉴真，虽遭受多次失败，但意志更加坚决，不改向异邦传播佛法的宏愿。经过商议，决定马上筹备船只，购买粮食，添置佛像、经典、药品等。6月底，鉴真又一次从扬州出发，随行的弟子除荣叡和普照外，还有祥彦、思托等12人，另外还有众多的水手和航海技术工人。

鉴真第五次东渡的船队沿运河南下，很快到达越州（今绍兴）的三塔山，船队又由杭州湾出海，遇上西南风，把他们吹送到舟山群岛。当时横渡浩渺大海，主要是借助于季风。由于不能掌握季风的变化规律，不少船只惨遭厄运。10月的一天早晨，刮起了西南风，鉴真一行扬帆起航，开始时迅速而安稳，但到中午，从东北方向刮来大风暴，船上人员大多昏晕呕吐，只有水手仍能勉强驾船。

鉴真第五次东渡耗时 3 年。在这 3 年中，荣叡在端州圆寂，爱徒祥彦在吉州病死，追随者死的死，散的散，鉴真也因劳累和暑热双目失明。但暮年的鉴真没有被磨难吓倒，他仍等待机会再度起航。

公元 753 年，鉴真已经 66 岁高龄，他搭乘日本遣唐使的船只，开始了第六次东渡。由于这一次事先做了周密的安排，因而比前五次顺利。次年 1 月，鉴真到达日本九州岛，终于来到了他誓愿要传戒弘法的日本，历时十多年的东渡终于获得了成功。

高僧的到来，使日本朝野极为振奋。天皇派安宿王作为代表，在京城奈良的正门外等候欢迎，导引鉴真一行住锡东大寺，接受日本的贵族和佛教领袖人物的拜谒。后来，鉴真在东大寺设立戒坛，为太上皇圣武天皇、皇太后和天皇受戒，有 80 余名在佛学方面有造诣的日本高僧，请鉴真重授具足戒，以中国戒律为入道正门。

鉴真东渡日本，不仅传播了佛法，还带去了中国的书法艺术、建筑艺术、医学知识等，促进了中日文化的交流。日本人民为了纪念鉴真，就在唐招提寺中塑起了鉴真的塑像，还称他为“盲圣”“日本律宗太祖”“日本医学之祖”“日本文化的恩人”等，表达了日本人民对鉴真的崇敬之情。

李皋救荒

李勉、李皋，禀性端庄，处身廉洁，临民莅事，动有美声，可谓宗臣之英也。

——《旧唐书》

李皋，字子兰，是唐朝曹王李明的玄孙。少年时补官担任左司御率府兵曹参军。天宝十一年（公元 752 年）嗣承王位，授职都水使者，三次升迁官至秘书少监，都与正职俸禄相同。他多智谋，善于利用时机使得办事方便。他侍奉太妃郑氏恭敬体贴，凭着孝顺而闻名。

上元初年（公元 760 年），李皋被贬为温州长史，不久为代理温州知州。这一年，温州遭到严重的自然灾害，粮食歉收。作为温州代理知州的李皋很着急，想起不久以前京师长安的惨象。当时京师一带从四月到闰四月间，整整下了两个月的雨，接着却久旱无雨，田里的庄稼颗粒无收，出现了严重的粮荒。刚开始的几个月里，长安的居民还可靠着城中历年的储备粮勉强应付着度日。后来灾情越发严重，粮价也越来越贵，竟涨到数千文钱才能买到一斗米。穷苦人家无钱买米，只能挨饿。许多人活活饿死，甚至出现了人吃人的惨象。

如今温州发生自然灾害，出现严重的粮荒，有的人家已经断了粮，眼看着当年京师的悲剧又要在温州重演，怎能不使身为地方长官的李皋忧心如焚？

李皋虽说出身贵族，但为官清廉，责任心强，关心民间疾苦。他决不能让治下的百姓忍饥挨饿，逃亡异乡，甚至饿死在路边。他决心挑起救灾的重担。于是，李皋认真检查了官家的粮库，得知还有储粮数十万斛，他就急忙把管粮食的掾吏招来。

掾吏在得知李皋打算开仓救荒后，急得双腿跪下，朝着李皋连连磕头，说：“大人，不行啊！此事必须先禀明朝廷，得到皇上的圣旨才能开仓！”

李皋很清楚动用国家储粮是一件大事，如果擅自开仓，定然会大祸临头。但是情况紧急，如今百姓已经在挨饿，要是按部就班，上表皇上，等皇上下旨，这一来一去，少则几十天，多则几个月，那时，说不定温州的许多人家早已家破人亡了。他不能让这种惨状在温州上演，毅然决定开仓救人。掾吏仍在苦苦哀求，请求他三思。

李皋仔细一想，这件事的确责任重大，不能连累别人一起受罪，他决心自己来承担这一责任，于是便对掾吏说："如今饥荒严重，一个人几天不吃饭就会饿死，哪里还有时间等候朝廷批准？这样吧，我立即上表请求开仓，说明先斩后奏擅自开仓，全是我一人的主张，与你无关。你则马上下令开仓，组织人马上把粮食发放给饥民。他们已经饿了好久了，早一天让他们吃到粮食就能多救活一些人，迟一天就会多饿死一些。如果朝廷怪罪下来，由我一人承担。杀了我一个，救活数千人，我心甘情愿。"

于是，掾吏打开粮仓，把数十万斛库存粮食统统发放给了温州的灾民。李皋也以擅自开仓放粮的罪责，派人飞马上奏皇上自请处罚。皇上知道以后不但不怪罪他，反而下诏嘉许他的做法，并加少府监职衔。

就这样，温州的百姓不再饥肠辘辘，安然度过了荒年。李皋的事迹也成了一段千古佳话。

郭子仪单骑赴敌

权倾天下而朝不忌，功盖一代而主不疑，侈穷人欲而君子不之罪。

——《旧唐书》

郭子仪是中唐名将，华州郑县（今陕西华县）人，以武举高第入仕从军，累迁至九原太守、朔方节度右兵马使，天宝十四年（公元 755 年），"安史之乱"爆发后，任朔方节度使。在平定"安史之乱"过程中，郭子仪功劳最大，威望最高。

广德元年（公元 763 年），仆固怀恩叛变，屡引回纥，吐蕃攻唐。

仆固怀恩是铁勒族人，唐朝将领“安史之乱”时，随从郭子仪、李光弼作战，屡立战功，也曾与回纥兵击败过史朝义，官至河北副元帅、朔方节度使。他认为自己立下了大功，却没有得到朝廷封官加爵，遂生反叛之心。

唐代宗永泰元年（公元765年），仆固怀恩再次引诱吐蕃、回纥、党项等部共30万人，入侵长安京畿地区，朝野大震。朝中大臣认为，要打退回纥、吐蕃，只有指望郭子仪。于是，代宗急召郭子仪从河中回来，屯驻长安北面的泾阳城，抵御贼兵。

郭子仪军仅两万多人，被敌人重重包围在泾阳。郭子仪命令部将四面坚守，不许与敌军交战。这时传来仆固怀恩在行军途中暴病死亡的消息，郭子仪心中暗喜。郭子仪两次从安史叛军手里收复两京时，曾经带领过借来的回纥兵，同他们交往甚好。郭子仪希望利用自己在回纥人中的威信，争取回纥军队，于是派使者前去回纥大营见回纥首领都督药葛罗，还给药葛罗写了封信：“过去唐军与贵军协同作战，收复长安和洛阳，我们可谓同甘共苦。现在你们背弃友好，去帮助叛臣，何其愚鲁！”药葛罗回信说：“仆固怀恩说令公已去世，不然的话，怎能造成这个局面？令公既然健在，我能不能亲眼见一见？”

郭子仪见药葛罗心中疑窦未消，决定亲自去回纥军营会见。诸将劝谏说：“戎狄之心，不可相信，请不要去。”郭子仪说：“虏寇有数万之众，今天依靠实力无法相敌，过去唐朝和回纥的关系密切，曾有过盟约，况且至诚能感动神灵，何况是虏寇之辈！”

出营时，郭子仪仅带了几十个骑兵随从，回纥将士披金戴甲，弯弓持箭，战斗一触即发。郭令公斥退从骑，脱去头盔。见到药葛罗，郭子仪说："我们共同患难很久，诸位为何忘记了忠诚的友谊，到了以刀兵相见的地步？"药葛罗仔细一看，果然是郭大将军，连忙扔掉手中兵器，下马拜道："这是真的郭令公，是我们的父亲！"他的亲信随从也随之下跪，士兵们也自动收起刀箭。

药葛罗过去曾随父兄援助唐朝，亲眼看到郭令公具有雄才大略，恪守信义，赏罚分明，对他由衷敬仰，今日重逢，有说不出的高兴。郭子仪又赠送彩锦等礼品，双方和好如初。临别时郭子仪愤慨地说："吐蕃与唐本是甥舅之国，我方并未失约，而对方兴兵侵犯，到处抢掠，驱赶牛马羊长达数百里，这是背信弃亲的行为。你们若反戈一击，与唐朝仍修好如初，岂不是两全其美？"

郭子仪单骑赴敌，不费一兵一卒，就使得回纥退了兵。郭子仪回来后派遣朔方兵马使白元光与回纥会师。吐蕃军听说了这个消息，连夜就逃跑了。回纥穷追不合，郭子仪率大军继其后，在灵武台西原大破吐蕃。吐蕃军兵败如山倒，十万军士一半被杀，被俘者有一万人，回纥军乘胜收缴了大量牛羊马等战利品。

铁骨铮铮颜真卿

> 颜公书如忠臣烈士道德君子，其端庄尊重，人初见而畏之，然愈久而愈可爱也。其见宝于世者不必多，然虽多而不厌也。
>
> ——欧阳修

颜真卿，字清臣，京兆万年（今陕西西安）人，祖籍山东临沂，唐开元进士，曾 4 次被任命为监察御史，代宗时官至吏部尚书、太子太师，封鲁郡公，人称"颜鲁公"。他创立的"颜体"楷书与赵孟频、柳公权、欧阳询并称“楷书四大家”，其行书《祭侄文稿》被誉为“天下第二行书”。

颜真卿除了在书法艺术界享有盛誉，在政治上，也是一位临危不惧、铁骨铮铮的忠义之士。

唐天宝十四年（公元755年），安禄山发动叛乱，当时的朝廷毫无准备，官吏、将领纷纷投降或逃亡，皇帝哀叹“河北二十四郡，岂无一忠臣乎？”眼看国家支离破碎，即将遭受灭亡，身为平原太守的颜真卿不顾势单力薄，愤然而起：“作为人臣，岂能容忍叛逆？大家应当尽忠国家，共讨逆贼！”颜真卿和他的堂兄颜杲卿举起了声讨安禄山的大旗，召集了附近17郡的将士20万义军，配合了郭子仪、李光弼的中央正规部队，打败了安禄山手下的叛将史思明，使安禄山不敢急攻潼关，为朝廷在仓促巨变中赢得了宝贵的时间。颜真卿的铮铮铁骨，赢得了众人的敬仰，被尊称为“颜鲁公”。

颜真卿在朝中德高望重，他看不得奸臣恶相的胡作非为，敢于直言进谏，因此，成了朝中许多大臣的眼中钉。广德元年（公元763年），颜真卿被奸人陷害，由尚书左丞相贬为吉州司马，后又调任湖州。后来真相大白，颜真卿回到长安。此时，他又被当朝奸相卢杞排挤。

建中二年（公元781年），淮西节度使李希烈背叛，建中四年（公元783年，攻陷汝州时），当时的宰相卢杞想乘机除掉颜真卿这颗眼中钉，便向德宗献计：“颜真卿德高望重，派他前往劝说，不动一兵一刀，便能收服李希烈。”当时的颜真卿已经75岁，谁都知道卢杞想借刀杀人。许多朝臣站出来阻拦此事，但昏庸的德宗竟允准了卢杞的奸计。但为了国家的统一大业，颜真卿将个人生死置之度外，毫不迟疑地踏上这充满生命危险的征途。

颜真卿来到李希烈叛军的据点蔡州（今河南汝南县），向李希烈宣示了皇上圣旨，希望他悬崖勒马，归顺朝廷。拥兵几十万的李希烈哪里听得进劝说，立马将颜真卿软禁起来。

兴元元年（公元 784 年），李希烈攻陷汴州（今开封），自称楚帝，国号大楚。他仰慕颜真卿的才华，希望颜真卿能够归降，但颜真卿一口回绝了。李希烈见软的不行，就来硬的。他派人在囚禁颜真卿的地方堆起干柴，泼上油，点火燃烧。在熊熊的火光中，颜真卿面无惧色，从容地整了整衣襟，突然起身准备扑向熊熊烈火，吓得李希烈赶紧命人将他拉住，扶出屋外。

然而，就在这一天，李希烈得知自己的弟弟李希倩被唐朝的军队杀死，忍不住起了报复心。当夜，他派人将颜真卿缢死在关押的蔡州龙兴寺。临死前，颜真卿用雄浑刚健的颜体书法，写下了气壮山河的绝命书《移蔡帖》：“贞元元年正月五日，真卿自汝移蔡，天也。天之昭明，其可诬也？有唐之德，则不朽耳。十九日书。”

范仲淹的义庄

公为人外和内刚，乐善泛爱。

——欧阳修

范仲淹，字希文，北宋著名的政治家、文学家，世称“范文正公”。范仲淹幼时丧父，随母改嫁到朱姓人家，生活极其凄凉悲惨，终年难得一饱。后官至参知政事，忆起童年苦事，忧伤满怀。为避免悲剧在范氏族人重演，于是在皇佑二年（1050 年），范仲淹在故乡苏州吴县设立义庄，救济族众，捐置良田千亩，以田租为义庄资金来源，并制定管理章程，作为义庄运转依据。

范仲淹是中国慈善史的里程碑式人物。他所创建的义庄，作为一种前无古人的举措，不但开辟了中国慈善事业的新纪元，而且在家族发展史上意义重大，影响深远。范氏家族以科举而兴，又靠荫补、

婚姻关系等手段使家族获得了进一步的发展，创置和经营义庄使这一家族在两宋时期久盛不衰，维持了较为长久的世家大族地位。

义庄是古代的一项慈善举措，是指捐赠者购买相当数量的田地，所收取的田租用于慈善事业。范仲淹晚年捐献出毕生大部分的积蓄，在家乡苏州购置良田千余亩，设立义庄。范仲淹“先天下之忧而忧，后天下之乐而乐”的胸襟怀抱，在兴办义庄一事中有充分的体现。欧阳修评价范仲淹说：“公为人外和内刚，乐善泛爱。……临财好施，意豁如也。及退而视其私，妻子仅给衣食。”

范仲淹逝世后，他的儿子范纯仁、范纯礼又将义田扩充，并根据实际情况随事立规，先后10次续订规矩，使义庄管理更趋严格。

义庄除注重保障族人的基本生活外，更注重族人文化素质的提高，希望族人们都能饱读诗书，金榜题名，光宗耀祖，因此庄内设有义塾，为族人提供免费教育，族人若进城赴考，义庄也将为他们提供盘缠，解除他们的后顾之忧。

严格的管理是义庄能够长久稳定运行的关键所在。为避免因田租发生争执，义庄通常雇用佃户耕种田地。为避免不法之徒私吞义庄，还制定了严格的惩罚措施：若有不法之徒胆敢侵吞，整房亲友都将受到株连，而他本人非但救济资格被取消，还要被拖到官府问罪。许多贪徒因此生畏止步。

与官府和谐运作亦是范氏义庄长盛不衰的秘诀所在，义庄使范氏族人的生活得到保障，即使在天灾人祸面前也能安居乐业，因此当地官府自然青睐有加，极力支持，而范仲淹父子本身就是政府要员，注重义庄与官府的沟通，以求获取更多的庇护。

义庄的出现也使许多豪族纷纷效仿。设置义庄义田，保障族人生活，使宗族具有强大的向心力与凝聚力，成为当时最重要的基层组织与社会保障组织。

范氏义庄虽饱经战火与灾害的蹂躏，却始终能长盛不衰，至清代宣统年间，义庄已拥田 5 300 余亩，堪称世界慈善史奇迹。

岳飞精忠报国

靖康耻，犹未雪；臣子恨，何时灭。驾长车，踏破贺兰山缺。

——岳飞

岳飞，字鹏举，谥号武穆，河南汤阴人，南宋著名的抗金将领。1103 年，岳飞出生于一个普通农民家庭。这年，黄河从内黄县决口，洪水汹涌而下。母亲姚氏来不及逃脱，她急中生智，抱起岳飞坐在一个空水缸里，母子俩就坐在缸中顺流而下，洪水慢慢将水缸冲到岸边，岳飞母子得以生还，看来这也是老天在冥冥中保佑他们。

无论是北宋还是南宋，都长期受到周边少数民族政权的侵害，以至于国土不断沦丧。后来，宋朝廷通过向他们缴纳岁币，得一时之安。不过，以金钱换和平的方式并没有维持多久。在靖康之变中，金国一直打到了北宋的国都汴梁城，俘虏了宋徽宗、宋钦宗，北宋灭亡。

后来，赵构在杭州建立了南宋政权，虽然延续了宋朝的国祚（王朝维持的时间），但是赵构委曲求全的绥靖政策（也称姑息政策，对侵略者姑息、纵容，妥协退让，以牺牲他国或本国人民的利益来换取暂时的和平和安全的政策）有增无减。

面对沦陷的北方大好河山，南宋朝廷却只想偏安一隅，得过且过，有诗讥讽道：“山外青山楼外楼，西湖歌舞几时休。暖风熏得游人醉，直把杭州作汴州。”不过，也有一部分有志之士一心想要收复失地，力主对金作战。其中，影响最大的当属精忠报国的岳飞。

岳飞 12 岁时，开始学习枪法，学成后无人匹敌。当时，北宋时常受到契丹的骚扰、入侵，岳飞加入了抗辽的战争。

南宋初年，岳飞曾作为河北招抚司的下级将校在河北一带抗金，后来投到东京留守宗泽的麾下参加开封保卫战，为宗泽所赏识。宗泽死后，岳飞随军南下，转战于安徽等地，在抗金战争中屡次立功。

建炎四年（1130 年），28 岁的岳飞大败金兀术，收复了建康城。其中郾城之战是宋金双方精锐部队之间的一次大决战，宋军以少胜多，给金军以沉重打击。

当时，金兀术率部在郾城与岳家军对阵，岳飞令其子岳云率轻骑攻入敌阵，往来冲杀。金军出动铠甲重骑兵“铁浮屠”作正面进攻，另以骑兵为左右翼，号称“拐子马”配合作战。岳飞派步兵持麻扎刀、大斧等，上砍敌兵，下砍马足，使其重骑兵不能发挥所长，从而杀伤大量金兵。岳家军勇猛异常，打算活捉金兀术。双方从下午激战到天黑。金军惊呼“撼山易，撼岳家军难”，大败而逃。

接着岳家军又在颍昌府打得金兀术狼狈逃窜，并一直追击到距汴京仅45里之遥的朱仙镇。这时黄河南北许多坚持斗争的义兵，都打着岳家军的旗号响应岳飞的北伐，其他各路宋兵也转入局部反击。抗金斗争呈现一派蓬勃发展的大好形势，岳飞兴奋地对部下说："等到一直打到金军的老巢黄龙府时，大家一同开怀畅饮！”此时金兀术正准备撤离开封，到河北以避岳家军的兵锋。

然而，此时的南宋皇帝赵构一方面安于现状，只求保住半壁江山，另一方面听信秦桧的谗言，忌惮岳飞功高震主，拥兵自重，所以不仅不同意岳飞收复失地的请求，反而急忙下令各路宋军班师，使岳家军处于孤军无援的状况，接着赵构又连发12道金牌，强令岳飞退兵。岳飞悲愤惋惜地说，“十年之功，废于一旦”。

赵构、秦桧强令岳飞班师后，为了扫清向金人议和的障碍，先后解除了岳飞、韩世忠等大将的兵权，然后向金乞和。而这时金兀术攻打淮西时又连败于宋军，终于使他认识到对宋战争已不可能用武力取胜，也表示愿意与南宋议和。赵构见议和可成，像岳飞这样的良将不再需要，加之金兀术害怕岳飞反对议和，便派人授意秦桧害死岳飞。

最后秦桧与其妻王氏密谋策划，以“莫须有”的罪名杀害了岳飞。岳飞没有战死沙场，却被几个小人所陷害，这让无数的仁人志士悲愤、惋惜。他敢于反抗异族入侵的硬骨头精神被后人代代称颂，也正是他背上岳母所刺“精忠报国”四字的真实写照。后人为了纪念岳飞，在杭州西湖附近建造了岳坟，并塑造秦桧、王氏夫妇跪在那里的丑恶形象，借以追怀先烈，惩恶扬善。

文天祥丹心报国

人生自古谁无死，留取丹心照汗青。

——文天祥

文天祥，字履善，又字宋瑞，号文山，浮休道人，吉州庐陵人（今属江西），南宋大臣，文学家，杰出的抗元将领和爱国诗人。

文天祥20岁就中状元当了官，只因得罪了权臣贾似道，37岁就被迫辞官回到江西老家。1275年，元军大举进攻，他招募豪杰，起兵抗敌。

不久，元军兵至临安，文天祥被派去向元军求和，遭到扣押，但他乘机逃出了元兵的魔掌。他历尽千难万险，躲过元兵的多次追捕，从海路逃到温州，回到江西后再次起兵抗元，可不久又遭失败被俘，文天祥被押往元将张弘范那里。

在被押解的途中，文天祥悲愤地写下了名传千古的《过零丁洋》诗，特别是最后两句“人生自古谁无死，留取丹心照汗青”更道出了他宁愿以身殉国，决不屈膝投降的决心。

南宋虽大势已去，但南宋人民的反抗斗争并未停止。为了求得长治久安，元朝掌权者认为文天祥在百姓中有很高的声望，如能争取他投降本朝，那就能收揽天下民心，于是元朝对文天祥展开了诱降、逼降。

第一个来劝降的是留梦炎，他原是宋理宗时期的状元，在元军逼近临安时任代理丞相。眼看京城不保，他弃职潜逃，后来投降元军，求得高官厚禄。元朝以为留梦炎与文天祥资格相当，由老状元丞相来劝说新状元丞相有示范作用，说话也方便。谁知文天祥一见到他就义愤填膺，怒火万丈，历诉他误国、卖国的罪状。留梦炎被骂得抱头鼠窜。

元朝又派大臣阿合马来教训文天祥。“你知道我是谁吗？”阿合马劈头就问。

“刚才听人说你是丞相。”文天祥不屑地说。

阿合马生气地说：“既然知道我是丞相，你为何不对我下跪？”

“南朝丞相见北朝丞相，怎么能下跪？”文天祥毫不示弱。

阿合马撇撇嘴，奚落道：“既然你是南朝丞相，怎么到这里来了？”

文天祥正色道：“如果南朝早一点儿用我为相，北人就到不了南方，我这个南人也不来北方了。”

阿合马威胁他：“我劝你放明白点儿，你的命还掌握在我手里呢！”

文天祥毅然说:“国都亡了,我还留着这条命作甚？要杀便杀！”

阿合马恼羞成怒：“马上杀你太便宜了，我要用酷刑折磨你，让你下跪求饶！”

文天祥鄙夷地笑道：“油锅、沸鼎统统使将出来吧，对我来说，这些酷刑就像是温泉洗浴，我当真是求之不得啊！”阿合马气得咬牙切齿，悻悻离开了。

不久，文天祥被移进兵马司监狱，戴上了大木枷，捆住了双手。文天祥被关押了3年。在狱中，他写下了著名的《正气歌》。其中，他列举了12位“时穷节乃见，一一垂丹青”的爱国名将和志士仁人，讴歌了他们的浩然正气。歌曰：“是气所磅礴，凛烈万古存。当其贯日月，死生安足论！地维赖以立，天柱赖以尊。”此诗抒发了一个爱国者的壮烈情怀。

元帝忽必烈担心文天祥有潜在的号召力，终于决定处死他。临刑前，当问到还有什么心愿时，文天祥的回答是:“但愿一死足矣！”

接着，他从容就刑。文天祥用自己的碧血丹心，实践了他忠勇爱国的壮志，为史册所载，被后人称赞。

杨继宗汲水洗官厅

廉洁是善，腐败是恶，善恶明辨，国泰民安。

杨继宗，字承芳，山西阳城人，明代官员，官至佥都御史。

杨继宗为官一向清正，当嘉兴知府的时候，只带一个仆人料理生活，毫不扰民。他经常召集乡里父老，了解民间疾苦，设法为百姓兴利除弊。比如他兴建学校，让儿童普遍入学，就为嘉兴的百姓办了一件大好事。

嘉兴地处东南沿海，设有卫所。有一年，御史孔儒奉旨前来清理军籍，挨家挨户查对男丁，因为青壮年兵丁逃亡很多，就把老人抓来拷问，一时打死了不少人。杨继宗贴出告示："凡是被御史打死的，要把名单报给府衙。"孔儒见到告示勃然大怒，认为杨继宗故意刁难他。杨继宗找到孔儒，说道："治理国家，有一定的体制。你的职责是剔除奸弊，奖惩官吏。挨门挨户搜查，这是官府的责任，不是御史的职责范围。"

孔儒无法反驳，心里却恨得痒痒的，临行之时，蓄意乘机报复，率领手下冲进知府衙门，翻箱倒柜，进行搜查，想查出杨继宗的罪证。结果，他只拿到几件半新不旧的换洗衣服，无一件值钱的东西，只得羞愧地离开了嘉兴。

嘉兴是一个富庶的地方，自然被奉旨前往浙江的宦官视为肥肉。一次，有个宦官路过嘉兴，杨继宗以礼相待，派人送给他嘉兴特产红菱和芡食两盒、历书一本作为礼物。那个宦官看也不看，竟然索要银两。杨继宗闻讯后，便命下属取出大批库银，亲自带人抬着去拜见那个宦官，说道："银子都在这里，您可拿去，但这是官银，请您给个收据，盖上印章。"

那宦官一听，不由得直冒冷汗，狼狈而去。后来，杨继宗述职，明宪宗问专管特务机关东厂的太监汪直，进京述职的官员中哪个最守法。汪直答道："天下不爱钱的，只有杨继宗一人而已！"

数年以后，杨继宗升任浙江按察使，又因为拒不纳贿，连连得罪了驻守浙江的宦官张庆。张庆怀恨在心，企图借机报复。他的哥哥张敏也是宦官，在司礼监任职，也帮着张庆在宪宗面前屡次诋毁杨继宗。宪宗还记得汪直的话，问道："是不是那个不受一钱私贿的杨继宗？"张敏听后吓了一大跳，连忙写信给张庆道："皇上知道杨继宗是不爱钱的清官，你要好好待他。"这才使张庆不敢再排挤陷害杨继宗。

后来，杨继宗在巡抚顺天府时，秉公执法，迫使权贵归还强占的民产。由于揭发了宦官和文武大臣的贪渎凶残，杨继宗终于受到他们的中伤，被贬到云南当官去了。杨继宗虽遭贬斥，却毫不违背自己的准则，自矜风节，始终坚持为官清正的原则。

不久，杨继宗调任湖广按察使。这时官场的风气日坏，他的前任贪赃枉法，使他感到整个衙门都是肮脏的。因此，杨继宗一到武昌按察使衙门，就立即命人打了100多担水，把整个大厅彻彻底底地清洗了一番，以示除垢涤污的决心，然后才正式上任开始办公。他说道："我这样做，是为了扫除污秽啊！"

这就是杨继宗汲水洗官厅的来龙去脉。他这样做，是以他一贯的思想行为为基础的。在中国历史上，贪污腐败历来是一个毒瘤，而廉政清贫则是一帖行之有效的解毒剂。杨继宗上任就来个汲水洗官厅，下决心荡涤贪污腐败之风，足以名留千古，值得我们称颂。

于谦的“石灰”精神

粉身碎骨浑不怕，要留清白在人间。

——于谦

于谦，字廷益，钱塘（今杭州）人，明朝时期的一代名臣。在30余年的为官生涯中，他做到了清正廉明，兴利除弊，刚正不阿。1398年，于谦出生于浙江钱塘地方的一个读书人家。他自幼聪颖过人，能过目成诵，出口成章。

6岁那年，于谦患眼病，母亲为了使他发散头热，把他的头发梳成两个羊角似的髻。村里有个和尚叫蓝古春，看他可爱，和他开玩笑：“牛头且喜生龙角。”于谦立即反唇相讥：“犬口何曾出象牙。”见于谦应答如流，古春和尚倒笑起来了：“难得这小子对得这样敏捷。”

第二天，于谦说什么也不让母亲梳头发了，母亲只得把他的头发梳成三个小丫。于谦和小伙伴再去村头玩儿，又让古春和尚看到了，和他开玩笑：“三丫成鼓架。”于谦不假思索，脱口而出：“一秃似擂槌。”原来于谦是看着和尚光头做出的应答。古春和尚不但没有生气，反而更加喜欢这孩子了。他特地向学堂里的老师夸奖于谦，说：“这孩子聪明绝顶，文思敏捷，长大后一定是国家的栋梁之材。”

于谦对英雄十分敬佩，在少年时期读书时就决心向他们学习。他

对宋代的抗元将领文天祥非常仰慕，在他的像边上写下了自己的决心：学习文天祥的高尚气节。

16 岁那年，于谦去石灰窑。他看到一堆堆青黑色的山石，经过熊熊烈火的焚烧，变成了洁白如雪的石灰，内心十分感慨，回到家便写成了一首托物言志的《石灰吟》：

千锤万击出深山，
烈火焚烧若等闲。
粉身碎骨浑不怕，
要留清白在人间。

这首诗形象地表达了于谦坚定的意志和高尚的情操，他要像石灰石那样，不惧千锤万击，不畏粉身碎骨，却要留得清白在人间。

事实也确实这样。于谦二十几岁考中进士，先后担任过监察御史、山西巡抚、兵部尚书等官职，始终刚正不阿，清正廉洁。他兴修水利，一生都体现了石灰精神。

明正统十四年(1449 年)，北方瓦剌入侵边关，明英宗御驾亲征，却让太监王振任总指挥，50 万明军在土木堡大败，英宗被俘，京师动摇。瓦剌以“送驾还朝”为名长驱直入，并侵占京师门户紫荆关，社稷危机万分。于谦临危受命为兵部尚书，拥立英宗之弟朱祁钰为帝，统率军民抗敌，瓦剌大败，明朝终于将英宗接回，使得北京保卫战全胜。

天顺元年（1457 年）英宗复辟，于谦被诬陷为逆臣而遭杀害，时年 59 岁。被抄家时，人们发现他家屋子破烂又无财产。宪宗时，其冤情始得昭雪，遗体归葬故乡。后人为他修建祠堂，以铭记其爱国爱民、廉洁奉公的宝贵精神。

顾炎武“天下兴亡，匹夫有责”

浩然思中原，誓言向江浒。功名会有时，杖策追光武。

——顾炎武

顾炎武，江苏昆山人，本名绛，清兵攻破南京后，改名炎武，字宁人，有时自署蒋山佣。学者称他亭林先生。

在顾炎武6岁时，母亲就亲自教他学《大学》，讲一些刚正不阿的忠臣义士的故事给他听。从10岁那年起，顾炎武跟着祖父读《资治通鉴》。

《资治通鉴》有294卷，还有考异、目录各30卷，很少有人能读完。顾炎武给自己规定了每天必读的卷数，不但要读到能够背诵，还要把这几卷书一字不漏地抄写一遍。3年以后，他读完了《资治通鉴》，不仅把书里的意思全部读懂了，还把全书抄写了一遍，一部书变成了两部书。

1645年，清军南下，攻破南京。顾炎武参加昆山抗清斗争。不久，昆山城破，顾炎武的两个弟弟被清兵杀死，生母何氏被砍掉右臂，弟媳朱氏引刀自杀。嗣母王氏在常熟绝食而死，临死前遗命顾炎武“弗事两姓”。国恨家仇坚定了顾炎武抗清斗争的决心。

为了壮大力量，联络各方抗清义军，顾炎武风尘仆仆地奔走于大江南北。他有时到东海上，与南明政权取得联系；有时来往于南京、镇江、吴江、嘉兴一带，观察时局，了解情况；有时装扮成做买卖的商人，到江北的清江浦，以及淮河和运河交汇处的王家营等地，准备发动起义。

顾炎武在大江南北秘密奔走了好几年，联络并团结了一批分散在各地的抗清力量，在社会上赢得了较高的声誉。1662年以后，西南永历政权既已覆没，张煌言被俘后英勇就义，郑成功也在台湾去世，各地虽还有小股的抗清力量，已很难形成气候，他这才专心“读天下书，友天下士”，把眼光放得更远了。以后的20年，他足迹遍布山西、陕西等地，最后在陕西华阴县定居下来。从他定居华阴后写给朋友的信来看，他反清复明的想法，始终没有放弃。

50岁后，顾炎武集中精力撰写《日知录》，这是一部思想学术价值极高的札记汇编，集中了他一生读书、研究的心得，内容包括经史、吏治、财赋、舆地、兵事、艺文等类，既含有精湛的考据成果，又包括引古筹今、经世致用的重要思想资料。

顾炎武提倡的是人们应以国家的事业为己任，唾弃那种奴仆般的对一朝一姓的忠，这是针对当时社会的弊病而发的。他目睹明清之际士风败坏的状况，特别是居于上层的人们，虚伪欺诈，在胜利的满洲贵族面前，争先迎降，摇尾乞怜。他也看到一些市井细民，在大是大非问题上，态度鲜明，如晚明苏州市民痛打魏忠贤的缇骑，清兵下江南时，江阴等地居民的浴血死战，所以他大声疾呼：“保天下者，匹夫之贱与有责焉耳矣！”

每一个人对天下兴亡都有责任！这是多么铿锵的金石之声啊！这句话，被后人概括为“天下兴亡，匹夫有责”。300多年来，这掷地有声的8个字，一直激励着中国人民的民族气节和爱国主义的战斗精神。

顾炎武是具有崇高气节的爱国志士，也是具有进步思想的杰出思想家，又是学术上取得辉煌成就的大学者。他的精神和学问，值得我们景仰和学习。

第一清官于成龙

天下廉吏第一。

——爱新觉罗·玄烨

于成龙，字北溟，号于山，清代山西永宁（今吕梁）人，谥“清端”，赠太子太保。于成龙于明崇祯十二年（1639年）举副员，清顺治十八年（1661年）出仕，历任知县、知州、知府、道员、按察使、布政使、巡抚和总督、兵部尚书、大学士等职。在20余年的宦海生涯中，三次被举“卓异”，以卓著的政绩和廉洁刻苦的一生，深得百姓爱戴和康熙帝赞誉，以“天下廉吏第一”蜚声朝野。

于成龙自从当官以来，从来不领养廉银，只有一年几百两的俸禄，还三两五两地接济穷人。他做官从来不带家属，只有一个家仆跟着他走南闯北。他怕有了家眷的拖累，既开销大，又可能妨碍公务。平日，于成龙总是布衣一袭，青菜下饭。由此，老百姓都亲切地喊他“于青菜”。

于成龙初入仕途就被任命为广西罗城知县。罗城是个边远的蛮荒山区，经过20多年的战乱，人们死的死，逃的逃，整个县城竟只剩下几户人家。于成龙来到罗城，见到这副惨状，内心非常沉重，下决心要治理好罗城。

县城已经没有了城墙，县衙四周被野竹丛包围，破败的大堂上竟然连张案几也没有。于是，于成龙用泥土垒起案几办公。

当时，他要到罗城来，许多朋友都劝他不要去，说那里太穷了，当官不为钱不享福，何苦？但于成龙回答说：“布衣素食，享受无穷，真不知道锦衣玉食有什么可爱恋的。”

在于成龙的积极治理下，几年内，罗城就有了翻天覆地的变化。从前饿殍遍地，盗寇成群；如今稻穗遍野，牛羊满坡，老百姓的日子一天比一天过得红火。可是，于成龙仍然过着清苦的日子。

经过于成龙手的税赋有上千万，可他从来也没克扣过一厘一毫。在他的大堂上，有他亲自作的一副对联：“累千盈万，尽是朝廷正赋，倘有侵欺，谁替你披枷戴锁；一丝半缕，无非百姓脂膏，不加珍惜，怎晓得男盗女娼？”一副对联道尽了于大人的为官之道，这样的清官，老百姓怎能不爱戴？

罗城的百姓见于大人有时连买米的钱也没有，大家就凑了一些钱，跪在于成龙的面前，说：“大人为我们做了那么多事，而生活却这么苦，我们实在不忍，所以凑了些钱给你买米，恳请大人收下！”于成龙十分感激百姓对他的厚爱，但钱决意不收。他宁可去典当家里的旧东西，也不会收百姓的一针一线。

后来于成龙调任四川合州、湖北黄州做知州，又升迁为福建按察使、直隶巡抚，一直做到两江总督。他政绩卓著，每离开一地，当地的百姓都挥泪追送几十里。于成龙一生清贫、清正、清明，怪不得康熙皇帝在召见他时曾称他为“天下廉吏第一”。

1684年4月，于成龙病逝在任上。死后所有的遗产只有一只破竹箱、一件旧袍、一双旧靴、一根腰带和瓦瓮中几升米和几盅豆豉，还有一些书，再无他物。前往吊唁的人无不感动得落泪。

廉吏陈瑸

清廉中之卓绝者。

——爱新觉罗·玄烨

陈瑸，号眉川，广东海康人，清康熙三十三年（1694年）举进士，翰林院编修，历任福建古田知县、台湾知县、湖南巡抚、福建巡抚、闽浙总督等职。他一生清正廉洁，勤政爱民，康熙皇帝称之为“清廉中之卓绝者”，与于成龙、施世纶等同为当朝名臣，跟海瑞、丘濬合称“岭南三大清官”。

陈瑸一生布衣素食，生活简朴，吃的一直是粗劣的饭菜，起居就一间厅堂，住房十分逼仄。他每天天不亮就去衙门上班治事，直到黑夜才回家休息。康熙赞之曰：“此苦行老僧也！”

陈瑸的宦海生涯最先从任古田县县令开始，此后曾在四川、台湾、湖南、广东、福建和浙江等地为官。他每到一地，除一般清官采取的诸如秉公执法、惩治贪官、减免赋税、废除酷刑、赈济灾民、兴办慈善事业等措施外，最突出之点：一是兴学广教——置学田，增书院，造学舍，聘请有学问的人来校讲学，提高当地居民素质；二是反对大吃大喝，禁止送礼，杜绝苞苴（红包、贿赂）。

陈瑸从四川调到台湾时，他考虑到台湾刚从荷兰人手中收复不久，便大抓教化，兴办书院。其中，最大的有朱子祠、考亭书院等，还奏请康熙御书榜额，积极推行儒家德治，教化民众。在廉政方面，他从自己做起，崇尚节俭，禁绝一切送礼馈赠，还将应得的公使钱三万两银子全部用来修筑炮台等防务开支，个人分文不取，以减轻当地人民的赋税负担。

有一次，康熙跟陈瑸开玩笑，问他这位“苦行僧”为什么要这样“苦”自己。陈瑸说：“清正廉洁是一个人为官的基础。倘若企图钱财，就不可能秉公执法，其他一切都谈不上了。”他任闽浙总督时，康熙命他巡视海防。这位身负使命的朝廷大员竟自带干粮、行李，一路上吃喝诸事都自己解决，吩咐手下的人不许骚扰沿途下属，给他们添麻烦。这在官场上可是从来没有过的。

更让康熙意外的是，规定给总督个人公务应酬上的开支银两，陈瑸分毫不落个人腰包，还上疏奏请，允准他作为军饷补助给守卫海防的将士，因为他觉得海防将士太艰苦了。康熙被弄得在各地巡抚之间一时很难摆平，只好劝他暂时把银两放在地方上，说不定什么时候有个应急需要。后来广东雷州东洋海塘被飓风大潮冲塌，海水倒灌，侵损民田，这笔款子正好作为修建海塘的经费，造福于一方乡民。

1718 年，时任闽浙总督的陈瑸身体越来越不支了，他再次上书康熙，请求免去他的职务。但康熙舍不得这位臣子告老还乡，抚慰再三，劝其留在任上。没过多日，陈瑸便在公务中倒下去了。

前来吊唁的同僚，看到堂堂一方总督只穿着件粗丝袍子躺在那里，身上覆盖着一条半新不旧的粗布薄被，想到他生前一世居官清正廉洁，都忍不住感佩而泣。

康熙在陈瑸死后很久仍对他念念不忘，有次上朝时当着大臣缅怀道：“朕考察过陈瑸的言行，他的确当得起‘清官’二字啊。他生在边远海边，并非世家大族出身，又没什么门生故旧，社会关系不多，可天下仍有这么多人称赞他。可见要是没有一些实实在在的政绩，能这样吗？国家有这样的人才，实在是福气。”

郑板桥修城

衙斋卧听萧萧竹，疑是民间疾苦声。些小吾曹州县吏，一枝一叶总关情。

——郑板桥

郑板桥，名叫郑燮，字克柔，号板桥，江苏兴化人，清中期有名的清官、画家、文学家，尤擅长写意兰竹，为“扬州八怪”之一。他坚忍不屈、持节自爱的品格同其所画之竹一样被后人所称赞。

郑板桥早年家贫，却很有志气。经过十载寒窗苦读，他考取了进士，踏上了漫漫仕途。郑板桥调任潍县知县那一年，潍县先是遭到了一次特大的海潮，而后又遇到了百年未有的旱灾，直到第二年，地里还是光秃秃一片，饥民们把青草、树皮都吃光了。

在这紧急关头，郑板桥为救百姓性命，决定开仓放粮。按清朝法律，未得朝廷批准而擅自开仓，最轻的处罚也要被革职。开仓放粮一举，使数万百姓逃脱了死亡。可是，地里不能种庄稼，放出去的十万石粮食几个月就要吃完了，接下来怎么办？郑板桥为此忧心忡忡，焦虑极了。最终他想出了一个两全其美的好办法：

重修潍城。

潍县城墙被洪水冲垮了600多丈，潍城人民的生命财产随时都有再次遭劫的危险。重修潍城，一来可以让富商大贾捐粮募款，二来可以把远近的饥民招来，用劳动获取粮食，这样既可度过荒年，又可以使城墙得到重修加固，免去后顾之忧。

郑板桥深知，修城的关键一招，是让富人出钱出粮。于是，他派人通知全城有名的大户和富商大贾到大堂商议。他开诚布公地把重修城墙的想法说了一遍。

郑板桥一说完，全场一片赞同之声。郑板桥微微一笑，接着他要求富商巨贾们顾全大局，踊跃自报捐献数额。这些有钱人一听要他们拿钱出粮，一下子都不吱声了：不出钱粮吧，城墙修不成，洪水一到又要遭殃；捐献钱粮吧，又有点儿舍不得。

正当大家犹豫不决时，只见几个开明绅士站起来，表示愿意捐银千两、粮食百石。这一带头，接着又有几位开明绅士报了数。不一会儿，除少数几个人偷偷地溜走以外，大家都多多少少报了数。

事情进展顺利，郑板桥心里松了一口气。可是，晚上，三个偷偷溜走的恶商聚集在一起，互相商量如何抵制捐献粮款的事。

这三个坏家伙都是潍城的大粮商，被人们称为“三狼”，家里囤积着许多粮食，正想趁机发横财，一听要他们拿粮出来，就像要割他们身上的肉一样。他们三个决定把粮食运走，让郑板桥找不到一粒米。

然而，“三狼”的一切动静都没能逃出郑板桥的眼睛。郑板桥派人跟踪监视，得知“三狼”将粮食偷偷运出城，便亲自带人把粮食截了回来。

第二天，郑板桥一早上堂，把惊堂木一拍，当堂宣布没收“三狼”的全部粮食。审理完“三狼”一案后，郑板桥便命人张贴告示，敲锣打鼓，全城动员，只几天工夫就筹集了16 000多石粮食。接着，郑板桥又派人到四村八乡宣传修筑城墙，以工代赈。

数万名饥民纷纷向城里涌来。郑板桥又吩咐人将民工编排成队，派大户人家轮流做饭，饿久了的饥民吃上了饱饭，真是高兴极了。

开工了，民工们黑压压一片，干劲十足，郑板桥看到这种热火朝天的场面，想象着不久就将修成的坚固城墙，长久紧皱的眉头终于舒展开来了。

陈嘉庚办学

发了财的人，而肯全拿出来的，只有陈先生。

——黄炎培

陈嘉庚，原名陈甲庚，福建同安（今厦门市同安区）人，长期侨居新加坡，从事橡胶业，热心兴办文化教育公益事业，是著名的爱国华侨领袖。新中国成立后，历任中央人民政府委员、全国政协副主席、全国人大常委会委员、国家侨委委员、中国侨联主席等职。

在辛亥革命的鼓舞下，身在南洋的陈嘉庚决计回国兴办教育。

当陈嘉庚回到阔别多年的故乡，见到乡村中十余岁的儿童因失学而赌博时，他无限感慨："那种情景，近则伤风败俗，远则贻误民族前途。如果不竭力改变现状，将来可能倒退到太古洪荒之世"，"教育为立国之本，兴学乃国民之天职"。

陈嘉庚出资修建校舍，开辟操场，正式创办集美小学，分高等、国民二部，共招学生 130 余名。当时乡村旧俗，女孩不能与男孩同样入学。为使女孩同样受到教育，他又出资开设女子小学，另聘女

教师教学。

当时兴办学校，最困难的是缺乏师资。同安全县的教师，毕业于师范、简易师范的只有 4 人。陈嘉庚费了九牛二虎之力，才聘得两名简易师范毕业生。他去福州省立师范学校寻求支援，但该校 200 余名学生全是官僚豪绅子弟，读书只为混一张文凭，根本不想去当穷教师。他深有感触，决心兴办师范学校，培养有志于献身教育事业的贫寒子弟。

不久，陈嘉庚派胞弟陈敬贤携款数十万元，回乡创办师范和中学。凡兴学所需的地皮，按通常的地价加倍收购，公私坟地还补贴迁葬费。经过一年的努力，两校新校舍顺利竣工，全是西式洋楼，窗明几净。当时最困难的仍然是师资。他为此向上海、北京等地的

友人求援，勉强凑数但质量大多不够理想。为此他又从全国各地重金礼聘名师来校执教，学校才渐渐步入正轨。

1918年春，集美学校的师范、中学两部开学，附设男女小学，同时还成立幼稚园。中学只交膳费，学宿费均免；师范生各资均免，所需被席蚊帐，一律由学校供给；每年春冬两季，每人还各发校服一套。

针对当时福州师范学校的弊端，陈嘉庚强调师范应招收贫寒子弟并立志当教师者，招生范围遍及闽南30余县，要求毕业后仍回原地工作。他还规定，从南洋来的小学毕业生，可以直接进入集美中学，文化程度不够的先入补习班补习。

随着事业的发展，陈嘉庚将海外业务全部交给弟弟陈敬贤管理，自己回国来集中精力兴办教育。回国前，他将所有不动产，包括店屋货栈的基地、橡胶园7 000余亩，都捐作集美学校的永远基金，并聘请律师，立字为据。

由于陈嘉庚的努力，集美学校规模不断扩大，有男子小学、女子小学、男子师范学校、男子中学、水产航海学校、商业学校、女子中学、农林学校、幼稚师范学校和国学专门学校共10所。随后，他又创建了幼稚园、医院、图书馆、科学馆等互相配套，形成格局，统称集美学村，相当于今天的教学城。陈嘉庚为中国培养人才，发展教育事业，做出了杰出的贡献。

陈嘉庚不仅在国内办学，还在新加坡等地带头创办或参与创办了 5 所华文中小学、两所中等专科学校，培养了很多有用的人才，推动了侨居国经济文化的发展。以后他又费巨资兴建厦门大学，开创了华侨在国内办大学的先例。

陈嘉庚这样热心教育事业，全然出于他对祖国的爱，对民族的爱。国家要富强，既要发展经济，又要发展教育。发展经济也有赖于发展教育，教育是关键，教育是强国之本。为此，他几乎耗去自己毕生精力和全部财产。